Popular Complete Smart Series

Complete FrenchSmart®

Grade 4

Grade 4

Contents

Unité 1

Les objets de classe

School Supplies

Vocabulary: Words for school supplies

Expressions: « C'est un/une... » "It's a..."
« Ce sont... » "They are..."

Grammar: Plural endings in French

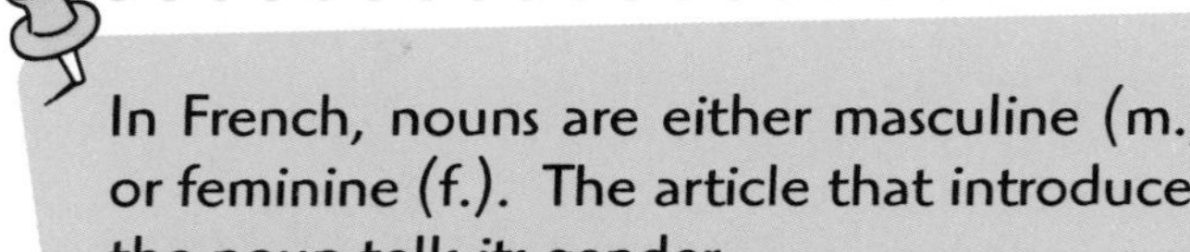

In French, nouns are either masculine (m.) or feminine (f.). The article that introduces the noun tells its gender.

noun	introduced by
masculine	**un** or **le**
feminine	**une** or **la**

A. Copiez les mots et écrivez « m » dans la boîte si le nom est masculin et « f » s'il est féminin.

Copy the words and indicate whether they are masculine or feminine by writing either "m" or "f".

1. 
a pen

un stylo *euhn stee·loh*

☐ ____________________

2. 
an eraser

une gomme *ewn gohm*

☐ ____________________

3. 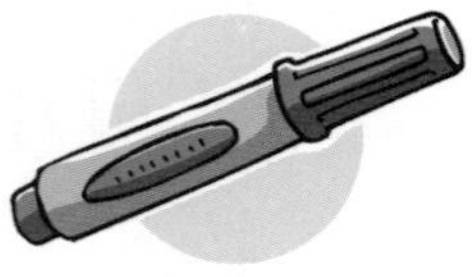
a marker

un marqueur *euhn mar·kuhr*

☐ ____________________

4. 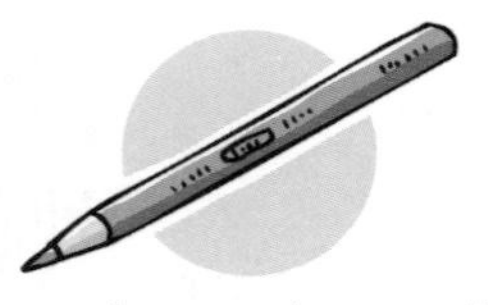
a coloured pencil

un crayon de couleur *euhn kreh·yohn duh koo·luhr*

☐ ____________________

5. **un crayon**
euhn kreh·yohn

a pencil

6. **la colle**
lah kohl

glue

7. **un cahier**
euhn kah·yeh

a workbook

8. **une règle**
ewn rehgl

a ruler

9. **une feuille de papier**
ewn fuhy duh pah·pyeh

a sheet of paper

10. **une chaise**
ewn shehz

a chair

11.

a whiteboard

un tableau blanc
euhn tah·bloh blaan

a backpack

un sac à dos
euhn sahk ah doh

a binder

un cartable
euhn kahr·tahbl

B. Remplissez les boîtes avec les mots suivants.

Fill in the boxes with the words below.

- ***le livre*** *luh leevr*
  the book
- ***le tapis*** *luh tah·pee*
  the carpet
- ***la règle*** *lah rehgl*
  the ruler
- ***le crayon*** *luh kreh·yohn*
  the pencil
- ***le bureau*** *luh bew·roh*
  the teacher's desk
- ***la chaise*** *lah shehz*
  the chair
- ***le pupitre*** *luh pew·peetr*
  the student's desk
- ***le tableau noir*** *luh tah·bloh nwahr*
  the blackboard

C. Écrivez les mots en français. Ensuite cherchez les mots français dans la grille.

Write the words in French. Then find the French words in the word search.

b t i l h e b e m k b z c a r m k b z c
p g a j v u p r o s f n a e e o s f n a
a u b p r g f v l g q c r r c l g q c r
p n m e i n n i p n b f t t a p n n f t
i o a a g s p l s a z l a i f s a z l a
e u g s r o h a l n w m b p f l n w m b
r q k w w q c b m x j i l q e
t a y l e à u n o t r k e p a
l d d x d p s e c r a y o n e
l p o o e u c q u e q m c l m
u e s l b x u a e r i c g z m
m a b o y j y x h c o è l t o
z k t y k t q d e i r u h t g
t u v v t b s d k t e b g y p
a e s i a h c o t l e r i l m

backpack	________	book	________
pencil	________	marker	________
workbook	________	ruler	________
binder	________	pen	________
chair	________	paper	________
carpet	________	eraser	________

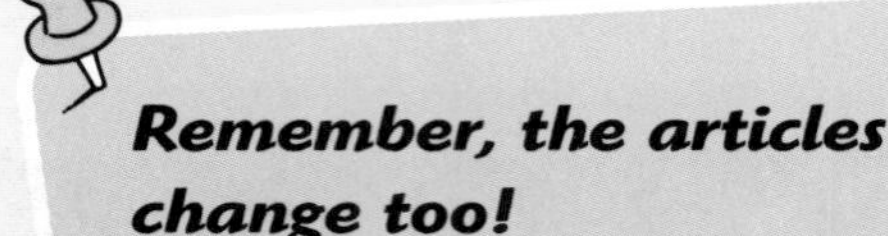

Plural Endings in French

When changing nouns from singular to plural, use the following word endings:

- For most words, add an "-s" to the end.
  e.g. un livre → des livre**s**
- Words that end in "-s" stay the same.
  e.g. un autobus → des autobus
- For words ending in "-eau" and "-ou", add an "-x".
  e.g. un bureau → des bureau**x**

Remember, the articles change too!

singular		plural
un/une	→	des *deh*
le/la	→	les *leh*

D. Écrivez les mots au pluriel.
Write the words in plural.

singulier singular	**pluriel** plural
un stylo	____________
un tableau	____________
le pupitre	____________
la chaise	____________
un tapis	____________
le livre	____________
un bureau	____________
une règle	____________
le crayon	____________

Expressions

En anglais : In English	En français : In French
"It's a..."	« C'est un/une... » *seht euhn/ewn*
"They are..."	« Ce sont des... » *suh sohn deh*

E. Écrivez les expressions au singulier et au pluriel.
Write the expressions in singular and in plural.

1. 
   a. C'est un ______________________ .
   b. Ce sont des ____________________ .

2. 
   a. ______________________
   b. ______________________

3. 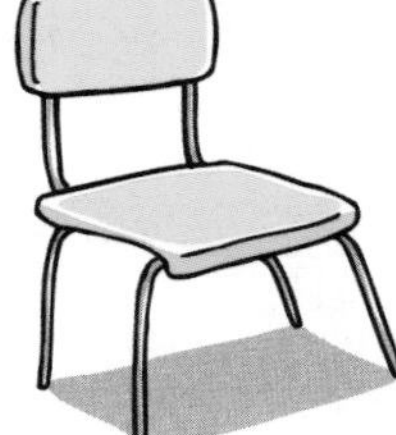
   a. ______________________
   b. ______________________

4. 
   a. ______________________
   b. ______________________

5. 
   a. ______________________
   b. ______________________

Unité 2

À l'école

At School

Vocabulary: Words for common people and places at school

Expressions: « Est-ce que je peux aller à...? »
"May I go to…?"

Est-ce que je peux aller aux toilettes?
ehs kuh juh puh ah·leh oh twah·leht
May I go to the washroom?

A. Copiez les mots.
Copy the words.

Les endroits à l'école
Places at School

la bibliothèque
the library

lah bee·blyoh·tehk

la salle des professeurs
the teachers' lounge

lah sahl deh proh·feh·suhr

le corridor
the hallway

luh ko·ree·dohr

la cour d'école
the schoolyard

lah koor deh·kohl

les toilettes des filles
the girls' washroom

leh twah·leht deh feey

les toilettes des garçons
the boys' washroom

leh twah·leht deh gar·sohn

Ce sont les toilettes des filles!

le gymnase
the gymnasium

luh jeem·nahz

le bureau
the office

luh bew·roh

la classe de musique
the music class

lah klass duh mew·zeek

la cafétéria
the cafeteria

lah kah·feh·teh·ryah

la fontaine
the drinking fountain

lah fohn·tehn

la salle de classe
the classroom

lah sahl duh klahs

un étudiant
a boy student

euhn eh·tew·dyaan

une étudiante
a girl student

ewn eh·tew·dyaant

la bibliothécaire the librarian

lah bee·blyoh·teh·kehr

le concierge the caretaker

luh kohn·syehrj

la secrétaire the secretary

lah suh·kreh·tehr

le professeur the teacher

luh proh·feh·suhr

le bibliothécaire
the librarian (man)

la concierge
the caretaker (woman)

le secrétaire
the secretary (man)

la professeure
the teacher (woman)

le directeur
the principal (man)

luh dee·rehk·tuhr

la directrice
the principal (woman)

lah dee·rehk·treess

B. Identifiez chaque personne dans l'image.
Identify each person in the picture.

le concierge la directrice la secrétaire
le professeur l'étudiant

C. Mettez chaque activité (A-D) dans le bon endroit. Ensuite écrivez le nom de chaque endroit.

Put each activity (A-D) in the correct place. Then write the name of the place.

la bibliothèque	la cour d'école
la cafétéria	la salle de classe

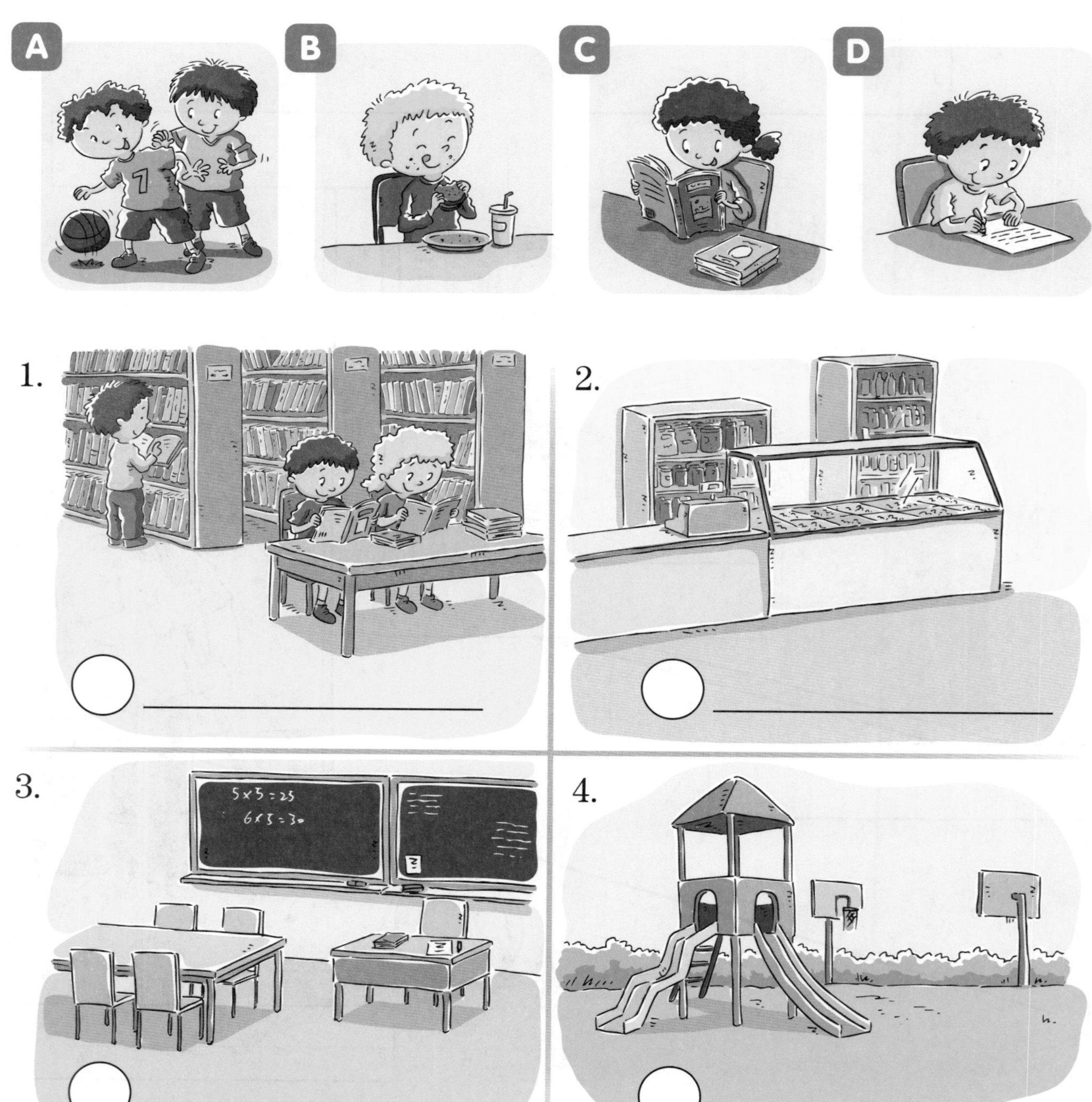

Expressions

Est-ce que je peux aller à la cour d'école?
ehs kuh juh puh ah·leh ah lah koor deh·kohl

En anglais :
In English

"May I go to...?"

En français :
In French

« Est-ce que je peux aller à...? »

ehs kuh juh puh ah·leh ah

D. Complétez les questions à l'aide des images et des mots donnés.
Complete the questions with the help of the pictures and the given words.

1. 

the library

Est-ce que je peux aller à ______________________ ?

2. 

the music class

Est-ce que je peux aller à ______________________ ?

3. 

the classroom

____

____

Unité 3

La famille

Family

Vocabulary: Family members

Expressions: « Voici... » "Here is..."

Grammar: Expressing possession with "de"

Voici l'animal domestique de la famille!
vwah·see lah·nee·mahl doh·mehs·teek duh lah fah·meey
Here is the family pet!

A. Copiez les mots.
Copy the words.

La famille de Diana
lah fah·meey duh dyah·nah
Diana's family

le	la

"le/la" become " l' " in front of words starting with a vowel.
e.g. **le** + enfant → **l'**enfant
***the** child*

C le frère
luh frehr

____

D le bébé
luh beh·beh

____

A le père
luh pehr

____

B la mère
lah mehr

____

E la sœur
lah seuhr

____

le fils
son
luh feess

la fille
daughter
lah feey

le grand-père
grandfather
luh graan·pehr

la grand-mère
grandmother
lah graan·mehr

l'oncle
uncle
lohnkl

la tante
aunt
lah taant

cousin (boy)

le cousin
luh koo·zahn

cousin (girl)

la cousine
lah koo·zeen

child

l'enfant
laan·faan

pet

l'animal domestique
lah·nee·mahl doh·mehs·teek

B. Remplissez les tirets pour identifier les membres de la famille.
Fill in the blanks to identify the members of the family.

- p__ __e
- m__r__
- __œ__r
- f__ __re
- f__ __le
- f__ __s
- b__b__
- a__ima__ d__m__sti__ue

- gra__ __-p__ __e
- gr__n__-mè__ __

- o__c__e
- c__ __ __ine
- c__us__n
- t__n__e

C. Mettez les lettres dans le bon ordre.

Put the letters in the correct order.

1. œsur ______________
2. dgarn-èerm ______________
3. cnoel ______________
4. neioucs ______________
5. erèp-nardg ______________
6. ttnae ______________
7. coinsu ______________
8. bbéé ______________

D. Créez votre arbre généalogique.

Create your family tree.

Expressions

En anglais :
In English
"Here is..."

En français :
In French
« Voici... »
vwah·see

Voici mon frère!
vwah·see mohn frehr
Here is my brother!

E. Remplissez les tirets et trouvez le mot mystère.
Fill in the blanks and find the mystery word.

Voici le ___ r___r___ .

Voici la t___ ___te.

Voici la grand-___ ___re.

Voici le co___ ___ ___ n.

Voici l'o___c___ e.

Voici le f___ ___ s.

Voici la ___o___ u___ .

Mot mystère
Mystery word

____

Expressing Possession with "de"

The French preposition "de" can be used to indicate possession. It goes after the possessed object/person and before the possessor.

e.g. la sœur **de** Marcel
the sister **of** Marcel/Marcel's sister

F. Remplissez les tirets selon l'arbre généalogique.
Fill in the blanks according to the family tree.

1. Voici Alice, ____ __________ de Marcel.
2. Voici Susanne, ____ __________ - __________ de Marie.
3. Voici __________ , la tante ____ Pierre.
4. Voici Alex, ____ __________ de Marcel.
5. Voici Marie, ____ __________ de Julie.
6. Voici Alice, ____ sœur ____ Christie.

Unité 4

Les jours de la semaine

The Days of the Week

Vocabulary: Days of the week

Expressions: « Je vais à... » "I go to..."

Le lundi, je vais à l'école!
luh luhn·dee juh veh zah leh·kohl
On Monday, I go to school!

A. Copiez les mots.
Copy the words.

une semaine
a week

____

ewn suh·mehn

la date
the date

____

lah daht

un jour
a day

____

euhn joor

les jours de la semaine
the days of the week

____

leh joor duh lah suh·mehn

le calendrier
the calendar

____

luh kah·laan·dree·yeh

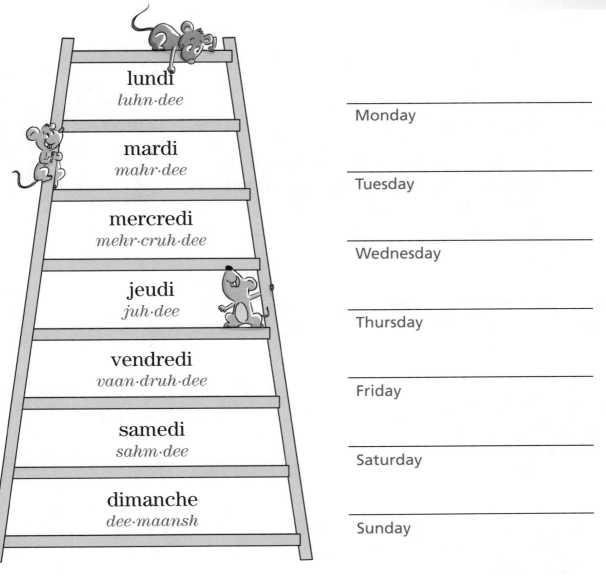

lundi *luhn·dee*	______ Monday
mardi *mahr·dee*	______ Tuesday
mercredi *mehr·cruh·dee*	______ Wednesday
jeudi *juh·dee*	______ Thursday
vendredi *vaan·druh·dee*	______ Friday
samedi *sahm·dee*	______ Saturday
dimanche *dee·maansh*	______ Sunday

B. Numérotez les jours de la semaine du premier (1) au dernier (7).
Number the days of the week from first to last (1–7).

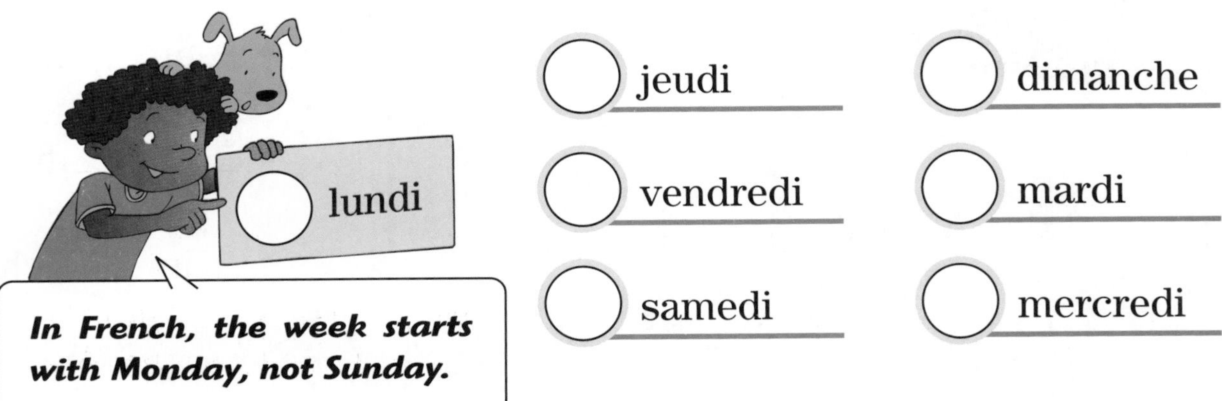

lundi
In French, the week starts with Monday, not Sunday.

◯ jeudi ______ ◯ dimanche ______

◯ vendredi ______ ◯ mardi ______

◯ samedi ______ ◯ mercredi ______

Attention!

In French, the days of the week start with a lower case letter while in English, they start with a capital letter.

C. Remplissez les tirets avec les bonnes lettres.
Fill in the blanks with the correct letters.

1. le c__ __en__ __i__ __
2. la d__ __e
3. une s__ __ai__ __
4. un __o__ __
5. **les jours de la __e__ __ine**
   - __und__
   - __ar__ __
   - __ __rcre__ __
   - __e__ __i
   - __en__ __ __di
   - __a__ __di
   - __im__ __ch__

D. Mettez les jours de la semaine dans le bon ordre.

Put the days of the week in the correct order.

les jours de la semaine
leh joor duh lah suh·mehn
weekdays

The French say both "la fin de semaine" and "le week-end"!

mardi
vendredi
jeudi
mercredi
lundi
samedi
dimanche

la fin de semaine
lah fahn duh suh·mehn
the weekend

E. Écrivez les mots en français.

Write the words in French.

________________ the week

________________ the weekend

F. Utilisez la clé pour trouver les mots mystères.
Use the key to find the mystery words.

la clé *lah kleh*
the key

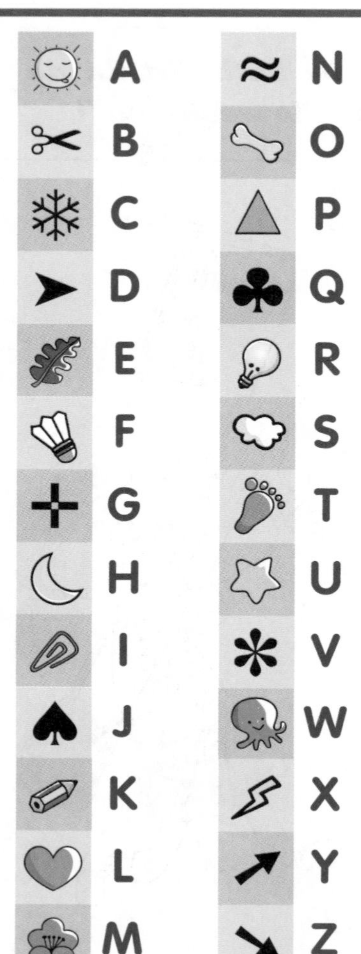

1. 

____

2. 

____

3. 

____

4. 

____

5. 

____

6. ______________________

Expressions

En anglais :
In English

"I go/am going to..."

En français :
In French

« Je vais à... »
juh veh zah

Je vais à la salle des professeurs.
juh veh zah lah sahl deh proh·feh·suhr
I am going to the teachers' lounge.

G. Remplissez les tirets avec l'expression « je vais à... ».
Fill in the blanks with the expression "I go to...".

1. Le lundi, ____________ l'école.
2. Le mardi, ____________ la cour d'école.
3. Le mercredi, ____________ la bibliothèque.
4. Le jeudi, ____________ la classe de musique.
5. Le vendredi, ____________ la salle de classe.
6. Le samedi, ____________ la fontaine.
7. Le dimanche, ____________ la pêche.
   pehsh
   fishing

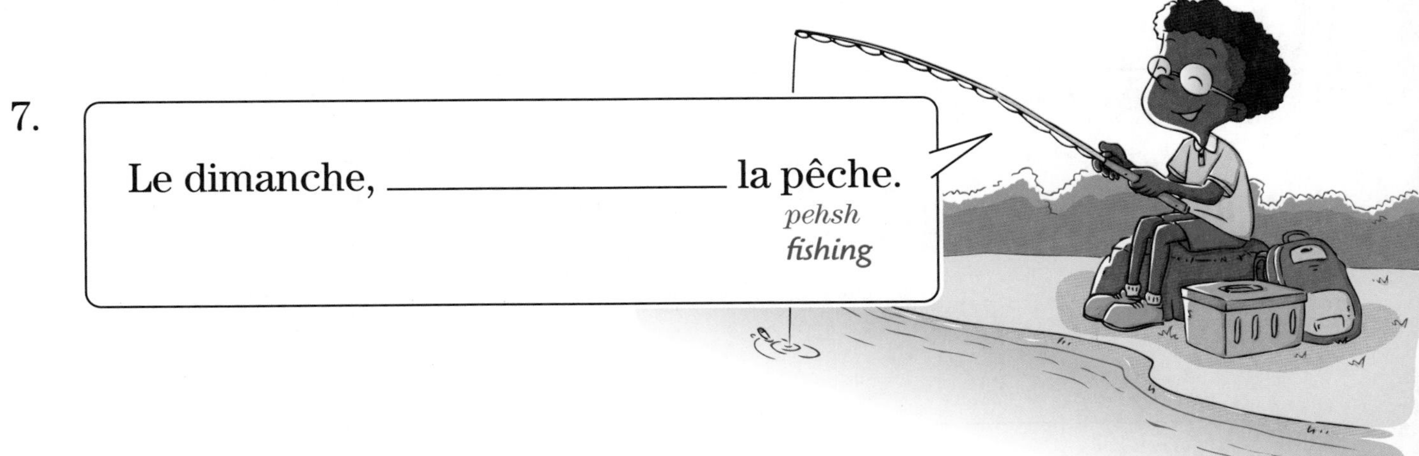

Unité 5

Les mois de l'année

The Months of the Year

Vocabulary: Months of the year

Expressions: « Aujourd'hui c'est... » **"Today is..."**

Aujourd'hui c'est le 14 février!
oh·joor·dwee seh luh kah·tohrz feh·vree·yeh
Today is February 14th!

A. Copiez les mots.
Copy the words.

janvier
January

____
jaan·vyeh

février
February

____
feh·vree·yeh

mars
March

____
mahrs

avril
April

____
ah·vreel

mai
May

____
meh

juin
June

jew·ahn

juillet
July

jwee·yeh

août
August

oot

septembre
September

sehp·taambr

octobre
October

ohk·tohbr

novembre
November

noh·vaambr

décembre
December

deh·saambr

le mois
the month

luh mwah

B. Écrivez le nom de votre mois favori et celui de votre anniversaire.
Write the name of your favourite month and the month of your birthday in French.

mon mois préféré :
my favourite month

le mois de mon anniversaire :
the month of my birthday

Attention!

In English, the names of the months begin with a capital letter but in French, they begin with a lower case letter unless they are at the beginning of the sentence.

C. Remplissez les tirets pour compléter le nom du mois.
Fill in the blanks to complete the name of the month.

D. Écrivez le mois correspondant sous chaque image.
Write the corresponding month under each picture.

avril	**octobre**	**décembre**
juillet	**septembre**	**mai**

1. 

2. 

3. 

4. 

5. 

6. 

E. Trouvez les mois cachés dans la grille et écrivez-les dans le bon ordre.

Find the names of the months in the word search and write them in the correct order.

r	e	i	v	n	a	j	d	w	o	k
t	e	d	s	v	h	f	e	â	y	g
b	r	z	w	y	a	j	u	i	n	t
é	b	k	p	o	q	r	s	a	h	s
ù	m	i	x	a	v	r	i	l	o	d
l	k	w	b	a	e				h	é
o	z	a	é	m	n				q	c
j	l	k	o	f	q	j	d	g	s	e
f	é	v	r	i	e	r	a	é	e	m
i	s	e	p	t	e	m	b	r	e	b
j	f	h	i	o	v	e	b	s	j	r
u	t	é	e	o	c	t	o	b	r	e
i	b	o	r	s	a	k	y	e	û	b
l	a	é	b				d	q	f	q
l	u	è	m				p	k	i	f
e	w	m	e				j	t	l	e
t	o	n	v	i	j	o	a	c	m	à
			o	a	g	t	û	o	a	h
			n	t	l	e	g	f	r	w
			m	a	i	b	q	h	s	n
			r	w	h	f	a	j	c	v

Les mois de l'année

____

____

____

____

____

____

____

____

____

____

____

____

Saying the Date

En anglais :
In English

Today is **day** , **month** **date** , 2013.

En français :
In French

Aujourd'hui c'est le **day** **date** **month** 2013.

oh·joor·dwee seh luh...duh·meel·trehz

Aujourd'hui c'est le mardi 9 avril 2013.
oh·joor·dwee seh luh mahr·dee nuhf ah·vreel duh·meel·trehz
Today is Tuesday, April 9th, 2013.

F. Écrivez la date.
Write the date.

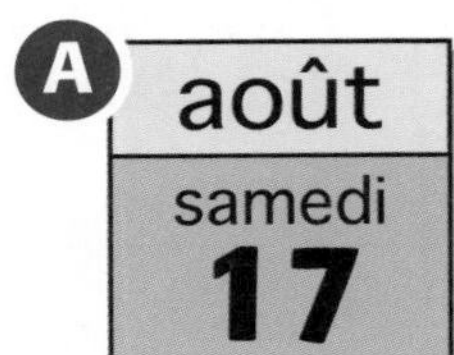

1. (A) Aujourd'hui c'est le ______________ ____________________ 2013.

   (B) Aujourd'hui c'est le ______________ ____________________ 2013.

   (C) Aujourd'hui c'est le ______________ ____________________ 2013.

2. Write today's date.

Aujourd'hui c'est le ______________

______________________________ .

Unité 6

Les nombres : de 1 à 15

Numbers: 1 to 15

Vocabulary: Numbers 1 to 15

Expressions: « Il y a... » "There is/are..."

Il y a quinze ballons.
eel ee yah kahnz bah·lohn
There are fifteen balls.

onze quatorze deux un dix quatre cinq treize quinze douze six sept neuf trois huit

A. Copiez les mots.
Copy the words.

un one *euhn*	six six *seess*
deux two *duh*	sept seven *seht*
trois three *trwah*	huit eight *weet*
quatre four *kahtr*	neuf nine *nuhf*
cinq five *sahnk*	dix ten *deess*

onze eleven

ohnz

quatorze fourteen

kah·tohrz

douze twelve

dooz

quinze fifteen

kahnz

treize thirteen

trehz

les nombres the numbers

leh nohmbr

B. Coloriez le nombre d'objets indiqué.
Colour the number of objects indicated.

1. un

2. trois

3. cinq

4. deux

5. huit

C. Comptez les objets. Ensuite encerclez la bonne réponse.
Count the objects. Then circle the correct answer.

1. 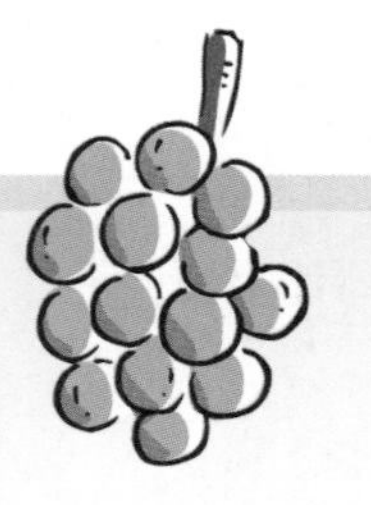

cinq / quatorze

2. 

huit / un

3. 

treize / onze

4. 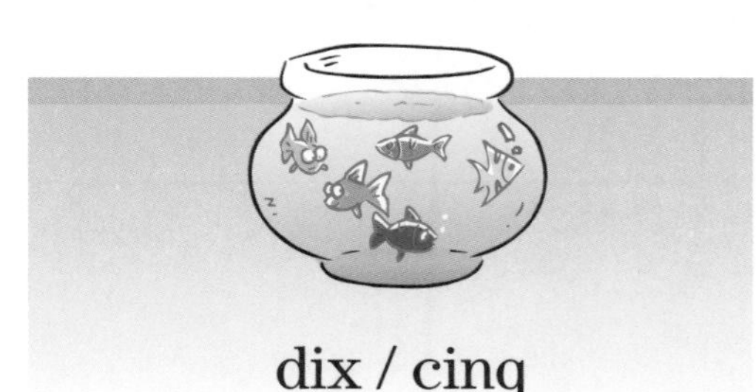

dix / cinq

5. 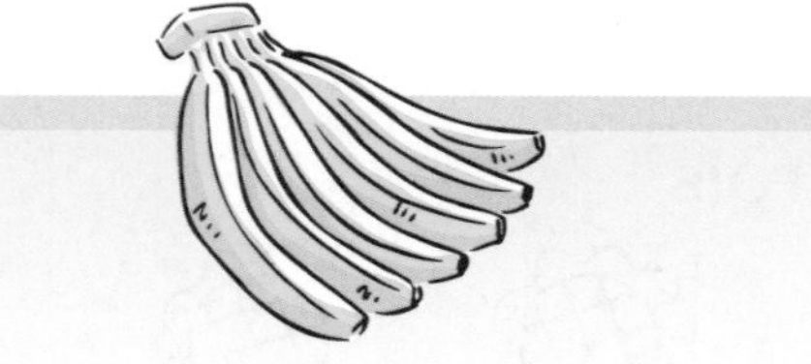

six / douze

6. 

deux / neuf

7. 

quatre / quinze

8. 

sept / trois

9. 

sept / un

10. 

neuf / quatre

D. Dessinez le bon nombre d'objets.
Draw the correct number of items.

Staplers
trois crayons
Wow! 5 $
deux chaises
8 $
six gommes
2 $
M & G Supplies
huit cahiers
cinq paires de ciseaux
pairs of scissors
sept marqueurs
Bolts
10 $
quatre sacs à dos

E. Lisez la recette de salade de fruits. Écrivez les nombres en lettres.
Read the recipe for a fruit salad. Write the numbers in words.

coupez cut	ajoutez add	mesurez measure
koo·peh	*ah·joo·teh*	*muh·zu·reh*

La salade de fruits
Fruit Salad

- Coupez **4** ______________ pommes  .
  pohm
- Ajoutez **11** ______________ grains de raisin  .
  grahn duh reh·zahn
- Coupez **6** ______________ bananes  .
  bah·nahn
- Ajoutez **14** ______________ fraises  .
  frehz
- Coupez **1** ______________ melon d'eau  .
  muh·lohn doh
- Mesurez **7** ______________ tasses de jus d'orange 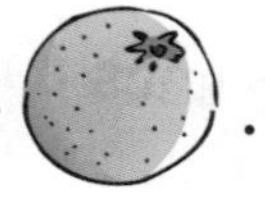 .
  tahs duh jew doh·raanj

Voici une salade de fruits!
vwah·see ewn sah·lahd duh frwee
Here is a fruit salad!
Miam Miam!
myahm myahm
Yummy!

En anglais :
In English
"There is/are..."

En français :
In French
« Il y a... »
eel ee yah

Il y a trois oiseaux!
eel ee yah trwah zwah·zoh
There are three birds!

F. Complétez les phrases avec l'expression « Il y a... » ou avec le bon nombre écrit en lettres.

Complete the sentences with the expression "Il y a..." or the correct numbers in words.

1. ____________ quatre crayons.

2. ____________ quinze professeurs.

3. Il y a ____________ stylos.

4. 
Il y a ____________ livres.

G. Écrivez les phrases 3 et 4 en anglais.

Write sentences 3 and 4 in English.

1. ____

2. ____

Unité 7

Les nombres : de 16 à 30

Numbers: 16 to 30

Vocabulary: Numbers 16 to 30

Expressions: « Combien de...y a-t-il? »
"How many...are there?"

Combien de jours y a-t-il en mars?
kohm·bee·yahn duh joor ee·yah·teel aan mahrs
How many days are there in March?

Il y a trente et un jours en mars, Charlie!
eel ee yah traant·eh·euhn joor aan mahrs shahr·lee
There are thirty one days in March, Charlie!

A. Copiez les mots et ajoutez les nombres qui manquent.
Copy the words and add the missing numbers.

1 un ________	6 six ________	11 onze ________
2 deux ________	7 sept ________	12 douze ________
3 trois ________	8 huit ________	13 treize ________
4 quatre ________	9 neuf ________	14 quatorze ________
5 cinq ________	10 dix ________	15 quinze ________

seize 16
____
sehz

dix-sept 17
____
dees·seht

dix-sept = 10 + 7
dix-huit = 10 + 8
dix-neuf = 10 + 9

dix-huit 18
____
deez·weet

dix-neuf 19
____
deez·nuhf

vingt 20
____
vahn

vingt et un 21

____

vahn·teh·euhn

vingt- ______ 22

____

vahnt·duh

The 20's are written as follows:

vingt et un (21=20+1)
vingt-deux (22=20+2)
vingt-trois (23=20+3)
...
vingt-neuf (29=20+9)

vingt- ______ 23

____

vahnt·trwah

vingt- ______ 24

____

vahnt·kahtr

vingt- ______ 25

____

vahnt·sahnk

______________ 26

____

vahnt·seess

______________ 27

____

vahnt·seht

______________ 28

____

vahnt·weet

______________ 29

____

vahnt·nuhf

trente 30

____

traant

B. Reliez les chiffres aux nombres correspondants.
Match the numbers with the number words.

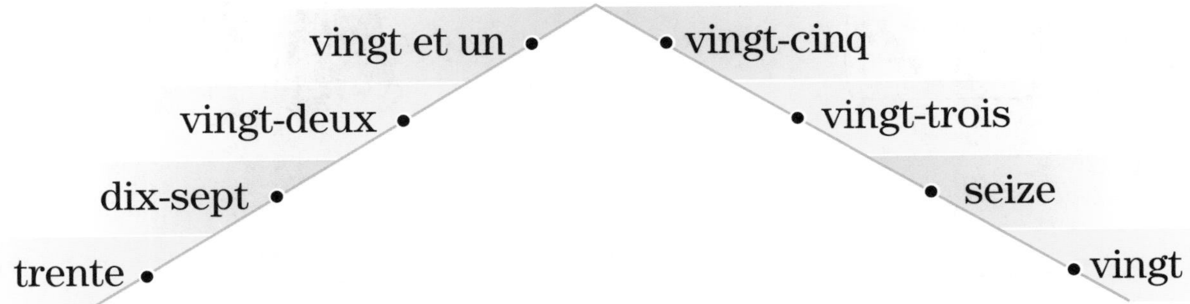

30 17 33 15 21 22 18 24 23 25 19 29 16 20

C. Écrivez le nombre des bonbons dans chaque image en lettres.

Write the number of candies in each picture in words.

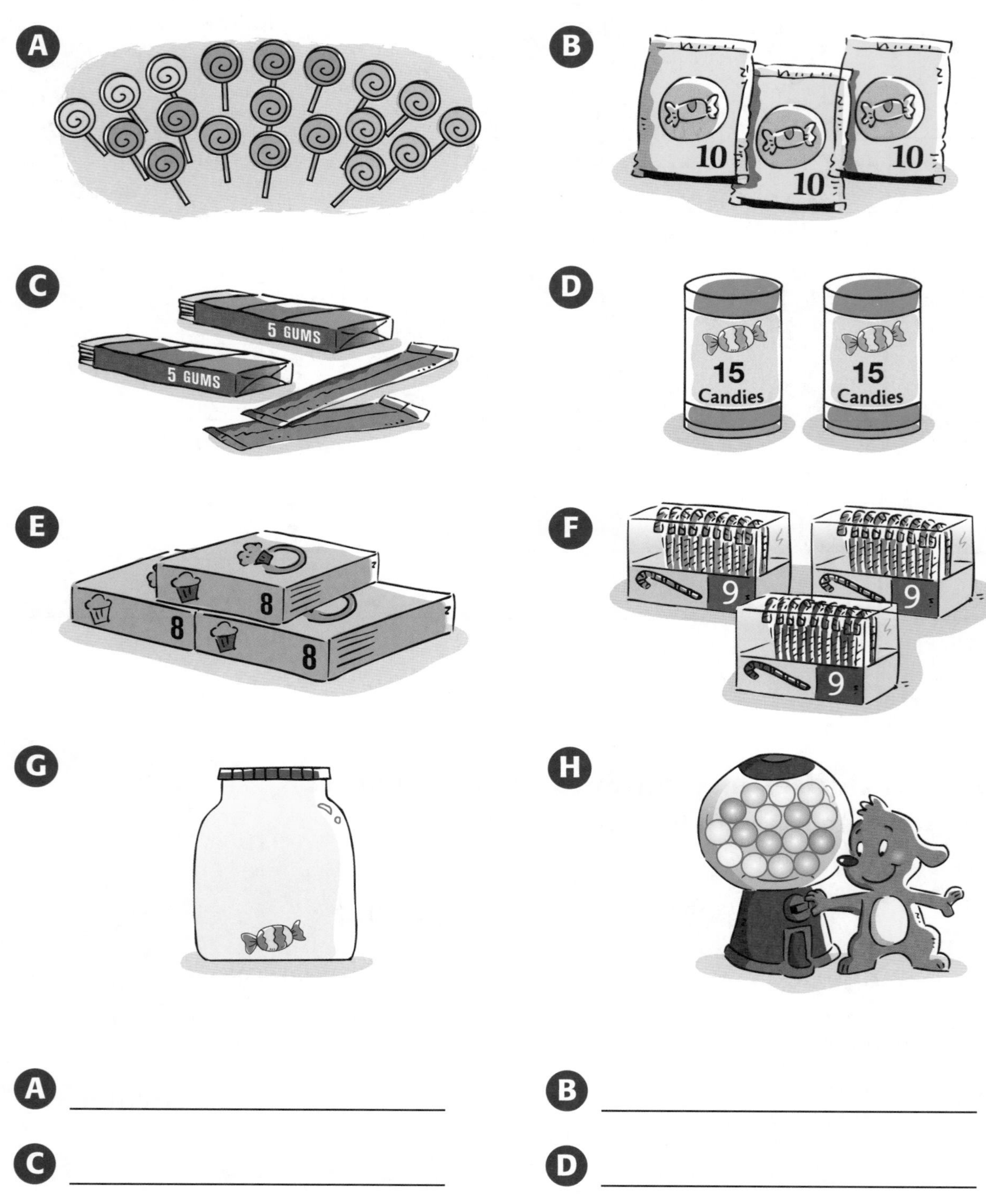

A ____________________ B ____________________

C ____________________ D ____________________

E ____________________ F ____________________

G ____________________ H ____________________

D. Encerclez ou écrivez le nombre correspondant en chiffres.
Circle or write the number that matches the number word.

1. vingt-trois **23 21**
2. dix-huit **15 18**
3. vingt-quatre **17 24**
4. vingt et un **21 6**
5. vingt-deux **16 22**
6. vingt **20 22**
7. dix-sept **17 29**
8. vingt-six **31 26**
9. vingt-neuf **29 21**
10. vingt-huit **18 28**

11.

12.

13.

14.

15.

seize

16.

dix-neuf

E. Faites les mots croisés.
Do the crossword puzzle.

Expressions

En anglais :
In English

Question:
"How many...are there?"

Answer:
"There are..."

En français :
In French

Question :
« Combien de...y a-t-il? »
kohm·bee·yahn duh...ee·yah·teel

Réponse :
« Il y a... »
eel ee yah

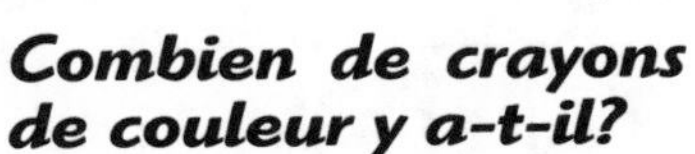

Combien de crayons de couleur y a-t-il?
How many coloured pencils are there?
Il y a seize crayons de couleur.
There are sixteen coloured pencils.
16

F. Selon le cas, écrivez la question ou la réponse.
In each case, write the question or the answer.

1. Q : Combien de crayons y a-t-il?
   A : 24 crayons

   ____

2. Q : Combien de marqueurs y a-t-il?
   A : 16 marqueurs

   ____

Use the expression "Il y a..." from unit 6 to answer the questions.

3. Q : ______________________________
   A : Il y a trente gommes.

4. Q : ______________________________
   A : Il y a dix-sept cahiers.

Unité 8

L'heure et le temps du jour

The Hour and the Time of Day

Vocabulary: Words related to time

Expressions: « Quelle heure est-il? »
"What time is it?"

« Il est... »
"It is..."

Quelle heure est-il?
kehl uhr eh·teel
What time is it?

Il est 11 h 30.
eel eh ohnz uhr traant
It is eleven thirty.

A. Copiez les mots.
Copy the words.

1. une horloge
a clock
____
ewn ohr·lohj

2. une heure
an hour
____
ewn uhr

3. une minute
a minute
____
ewn mee·newt

4. le matin
the morning
____
luh mah·tahn

5. l'après-midi
the afternoon
____
lah·preh mee·dee

6. le soir
the night
____
luh swahr

7. à midi
at noon
____
ah mee·dee

8. à minuit
at midnight
____
ah mee·nwee

9. l'heure
the time
____
luhr

Writing the Time

En anglais : In English	**En français :** In French
3:00	3 h
8:15	8 h 15
5:30	5 h 30

B. Écrivez l'heure en français.
Write the time in French.

1. 2:45 ____________
2. 6:55 ____________
3. 4:27 ____________
4. 12:04 ____________
5. 11:17 ____________
6. 3:58 ____________
7. 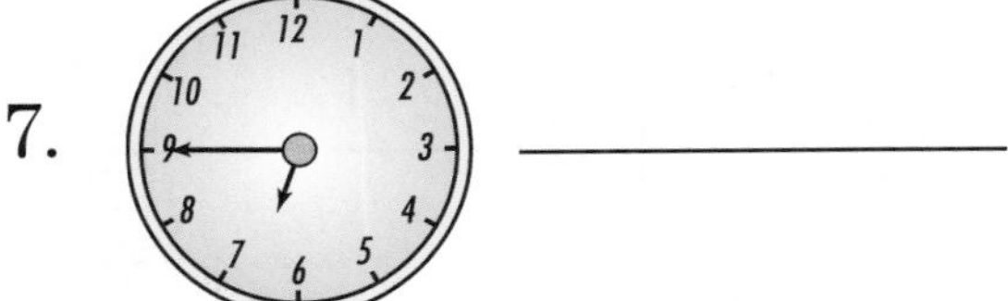 ____________
8.  ____________
9. 
10. 

In French, we tell the time using a 24-hour clock. Instead of starting over at 1 after noon (12:00 p.m.), the 24-hour clock continues to count: 13, 14, 15, etc. So when you have dinner at 6 p.m., it's really 18 h!

11:00 p.m.
23 h
Remember, the minutes stay the same!

C. Utilisez l'horloge de 24 heures pour écrire l'heure en français.

Use the 24-hour clock to write the time in French.

1. 8:30 a.m. ______________
2. 10:15 a.m. ______________
3. 1:30 p.m. ______________
4. 3:45 p.m. ______________
5. 7:50 a.m. ______________
6. 12:07 p.m. ______________
7. 9:15 p.m. ______________
8. 11:25 a.m. ______________
9. 4:40 p.m. ______________
10. 1:45 p.m. ______________
11. ______________
12. ______________

D. Copiez les mots.

Copy the words.

le matin
the morning

Le temps du jour
The time of day

le soir
the night

le matin	l'après-midi	le soir
luh mah·tahn	*lah·preh mee·dee*	*luh swahr*
______	______	______
the morning	the afternoon	the night

E. Encerclez l'expression temporelle qui correspond à l'heure donnée.

Circle the time of the day that matches the given time.

1. **22 h 30**

   l'après-midi
   le matin   le soir

2. **14 h 15**

   le matin
   le soir   l'après-midi

3. **7 h 45**

   le soir
   l'après-midi   le matin

4. **16 h 20**

   l'après-midi
   le soir   le matin

5. **6 h 15**

   le matin
   l'après-midi   le soir

6. **19 h 10**

   le soir
   le matin   l'après-midi

F. Reliez l'heure au bon temps du jour.

Match the time with the correct time of the day.

1. 13 h 10 •
2. 20 h 15 •
3. 14 h 15 •
4. 21 h 25 •
5. 10 h 12 •
6. 7 h 45 •

• le matin

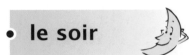

• le soir

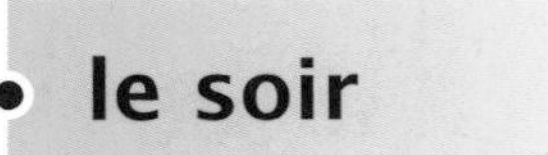

• l'après-midi

G. Encerclez l'heure correspondante à l'image.

Circle the time shown in the picture.

1.

A. 8 h 30

B. 16 h

C. 18 h

2.

A. 10 h 15

B. 12 h

C. 21 h

Asking the Time

En anglais :
In English

Question: "What time is it?"
Answer: "It is..."

En français :
In French

Question : « Quelle heure est-il? »
kehl uhr eh·teel

Réponse : « Il est... »
eel eh

H. Répondez aux questions selon l'heure à chaque ville.
Answer the questions according to the time in each city.

1. 

Q : Quelle heure est-il à Paris?

A : ______________________

2. 

Q : Quelle heure est-il à New York?

A : ______________________

3. 

Q : Quelle heure est-il à Londres?

A : ______________________

4. 

Q : Quelle heure est-il à Toronto?

A : ______________________

La révision 1

La révision

- Les objets de classe
- À l'école
- La famille
- Les jours de la semaine
- Les mois de l'année
- Les nombres : de 1 à 30
- L'heure et le temps du jour

A. Encerclez la bonne réponse.

Circle the correct answer.

C'est...

1. 

A. un cahier B. un crayon C. un livre

2. 

A. un marqueur B. un livre C. un étudiant

3. 

A. un tapis B. un pupitre C. une règle

4. 

A. de la colle B. un tableau C. un cartable

5. 

A. un bureau B. un stylo C. une chaise

6. 

A. une paire de ciseaux B. une règle C. le papier

7. 

A. la cafétéria B. la bibliothèque

C. le gymnase D. la cour d'école

8. 

A. le bureau B. le couloir

C. la fontaine D. le gymnase

9. 

A. la date B. lundi

C. une semaine D. l'école

10. 

A. trois

B. dix

C. huit

11. 

A. vingt-quatre

B. vingt-cinq

C. douze

12. 

A. thirty

B. eleven

C. nine

13. 

A. 10 h 15

B. 12 h 20

C. 14 h 30

14. 

A. des frères

B. un oncle

C. des sœurs

15. 

A. un bébé

B. une mère

C. une tante

B. Remplissez les tirets pour écrire les noms des objets.

Fill in the blanks to write the names of the objects.

C 10

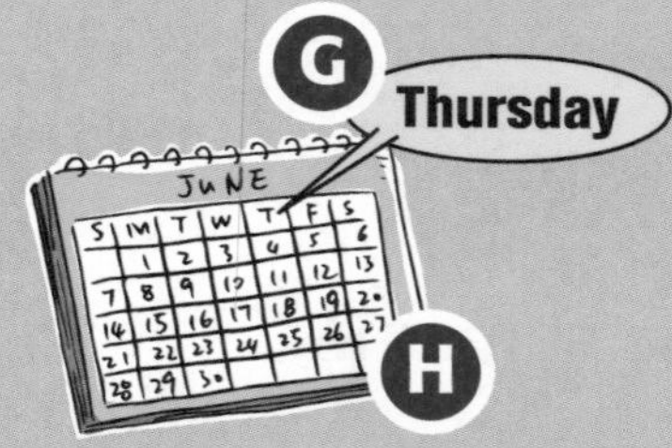

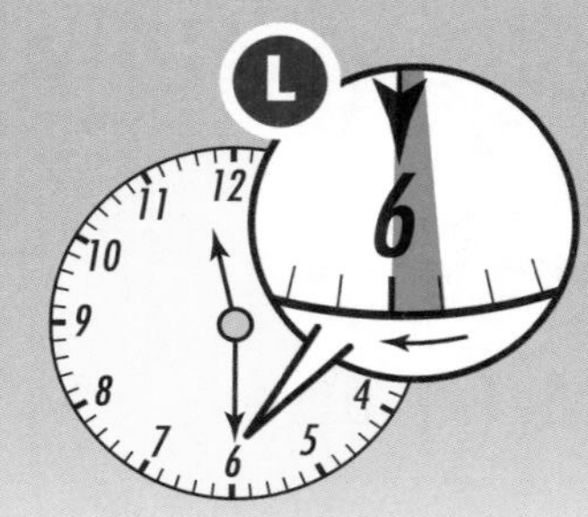

A l___ s___i___

B ___ct___br___

C ___i___

D u___ c___hi___ ___

E ___éc___ ___br___

F m___d___

G j___ ___d___

H u___ ca___ ___nd___i___r

I ___in___t-h___ ___t

J u___ bé___ ___

K u___ an___m___ ___ do___es___iqu___

L une m___n___ ___e

M u___ c___rta___ ___e

N ___ne p___of___s___ ___ ___re

O un ___ra___ ___n de c___ ___l___ ___r

C. Mettez les lettres dans les bons cercles.

Put the letters in the correct circles.

- the librarian
- brother
- the month
- August
- a week
- a pen
- the gym
- Sunday
- March
- a student
- a daughter
- the scissors

- A une semaine
- B le gymnase
- C un étudiant
- D un stylo
- E une fille
- F les ciseaux
- G mars
- H dimanche
- I le mois
- J août
- K la bibliothécaire
- L le frère

D. Écrivez les bonnes lettres dans les cercles.
Write the correct letters in the circles.

1. C'est un sac à dos.

A B C D

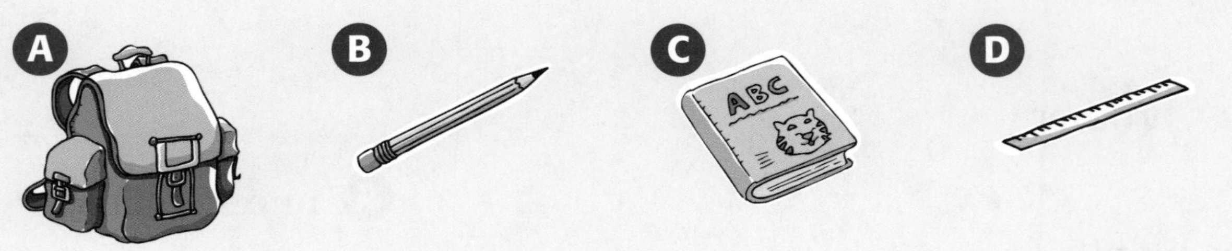

2. Est-ce que je peux aller à la cafétéria?

A 

B 

C 

3. Aujourd'hui c'est le vendredi 21 juin 2013.

A 

B **21/05/13**

C 

4. Il y a sept paires de ciseaux.

A 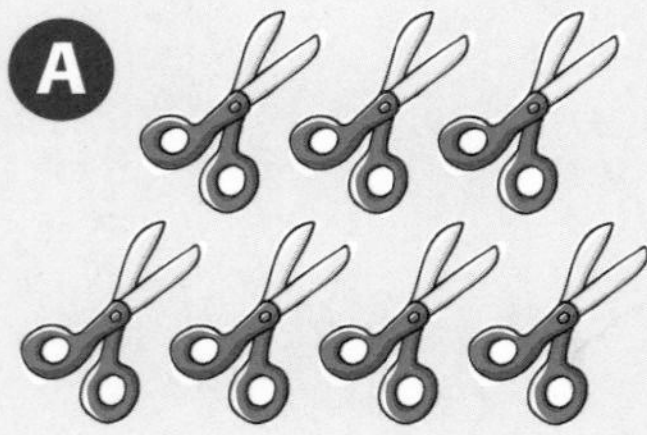

B 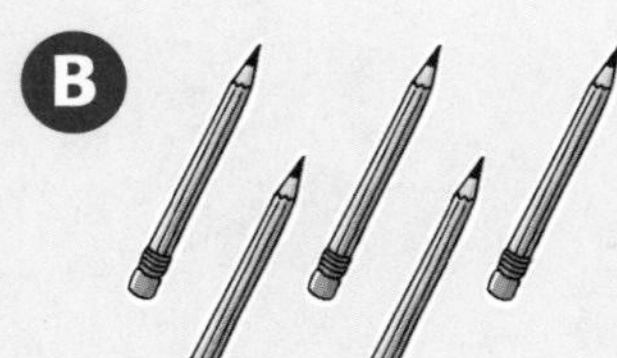

C 

5. Combien d'étudiants y a-t-il?

A

Il y a quatre
étudiants.

B

Il y a deux chiens.
DOG

C

Il y a un
concierge.

6. Je vais à la maison.

A

B

C

7. Voici ma grand-mère.

A

B

C

8. Quelle heure est-il?

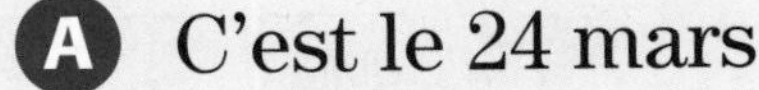
A C'est le 24 mars.

B Il est 8 h 30.

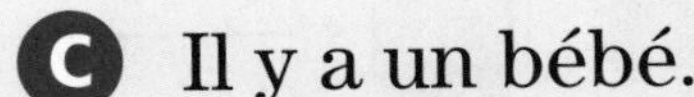
C Il y a un bébé.

Unité 9

Les pronoms personnels sujets

Personal Subject Pronouns

Vocabulary: Personal subject pronouns

Grammar: The verb « avoir » "to have"

J'ai trois frères!
jeh trwah frehr
I have three brothers!

A. Copiez les mots.
Copy the words.

singulier (sg.)
singular

je I

____
juh

tu you (sg.)

____
tew

il he

____
eel

elle she

____
ehl

nous we

____
noo

vous you (pl.)

____
voo

ils they (m.)

____
eel

elles they (f.)

____
ehl

Les pronoms personnels singuliers
Singular Personal Pronouns

Il masculin
He/It masculine

- masculine singular common nouns
  e.g. le garçon
- masculine proper nouns
  e.g. Jean

→ can be replaced by **"il"**
e.g. le garçon → **il**
Jean → **il**

Elle féminin
She/It feminine

- feminine singular common nouns
  e.g. la fille
- feminine proper nouns
  e.g. Sarah

→ can be replaced by **"elle"**
e.g. la fille → **elle**
Sarah → **elle**

B. Remplacez les noms avec le pronom « il » ou « elle ».
Replace the nouns with the pronoun "il" or "elle".

1. Simon ____________
2. un bébé ____________
3. la gomme ____________
4. le stylo ____________
5. la tante ____________
6. Marcel ____________
7. Caroline ____________
8. le chien ____________
9. une chaise ____________
10. la semaine ____________
11. un sac à dos ____________
12. le directeur ____________
13. la cousine ____________
14. le cartable ____________

Les pronoms personnels pluriels
Plural Personal Pronouns

Ils masculin
They masculine

- masculine plural common nouns
  e.g. **les** garçon**s**
- more than one masculine proper noun
  e.g. Jean et Pierre
- any group of nouns with at least one masculine noun
  e.g. Marie, Julie et Jean

→ can be replaced by **"ils"**

e.g. les garçons → **ils**
Jean et Pierre → **ils**
Pierre, Jean et Julie → **ils**

Elles féminin
They feminine

- feminine plural common nouns
  e.g. **les** fille**s**
- more than one feminine proper noun
  e.g. Sarah et Julie

→ can be replaced by **"elles"**

e.g. les filles → **elles**
Sarah et Marie → **elles**

C. Remplacez les noms avec le pronom « ils » ou « elles ».
Replace the nouns with the pronoun "ils" or "elles".

1. Simon et Jean ____________
2. les livres (m.) ____________
3. les pupitres (m.) ____________
4. les règles (f.) ____________
5. Marie et Caroline ____________
6. les chiens ____________
7. Simon et la chaise ____________
8. Julie, Jean et les chiennes ____________

Grammar

AVOIR au présent
To have

singular	plural
J'**ai** *jeh* I have	Nous **avons** *noo zah·vohn* We have
Tu **as** *tew ah* You have	Vous **avez** *voo zah·veh* You (pl.) have
Il **a** *eel ah* He has	Ils **ont** *eel zohn* They (m.) have
Elle **a** *ehl ah* She has	Elles **ont** *ehl zohn* They (f.) have

The pronoun "je" becomes "j'" before a vowel.

je + ai = j'ai
I have

D. Complétez les phrases avec la bonne forme du verbe « avoir ».
Complete the sentences with the correct form of the verb "avoir".

Nous 1. ________ des pommes.
Ils 2. ________ un animal domestique.
Tu 4. ________ un chandail.
J' 3. ________ un crayon.

E. Reliez chaque pronom à la bonne phrase.

Match each pronoun with the correct phrase.

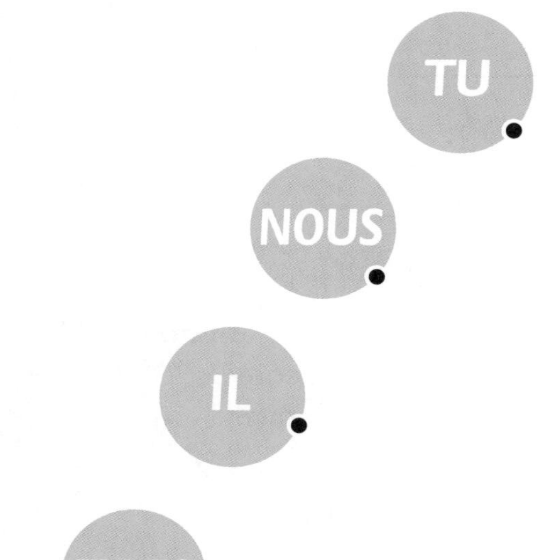

- ai une règle.
  have a ruler.
- ont des crayons.
  have pencils.
- as trois feuilles de papier.
  have three pieces of paper.
- avons des professeurs.
  have teachers.
- a une gomme.
  has an eraser.
- ont des chaises.
  have chairs.
- avez des cahiers.
  have workbooks.
- a un stylo.
  has a pen.

F. Lisez l'histoire et encerclez les pronoms qui pourraient remplacer les mots soulignés.

Read the story and circle the pronouns that could replace the underlined words.

1. Le père et la mère de Marcel ont deux filles et deux fils. 2. Marcel a deux sœurs. 3. Les deux sœurs de Marcel ont un animal domestique, Charlie. 4. Marcel a aussi un frère, Pierre. 5. Pierre, le bébé, a une balle. 6. Marcel, les deux sœurs de Marcel, Charlie et Pierre ont une maison.

1. Ils / Vous / Nous

2. Je / Il / Elles

3. Elles / Ils / Nous

4. Elle / Vous / Il

5. Nous / Il / Charlie

6. Je / Elle / Ils

« et » = "and"

e.g. Marie ***et*** Charlie
Marie ***and*** Charlie

Unité 10

Chez moi

At My House

Vocabulary: Household objects

Grammar: The verb « être » "to be"

Expressions: « Où est... ? » "Where is...?"
« Il/Elle est dans... » "It's in..."

Chez moi, la baignoire est dans la salle de bain.
sheh mwah lah behy·nwahr eh daan lah sahl duh bahn
At my house, the bathtub is in the washroom.

A. Copiez les mots.
Copy the words.

une machine à laver 
____
ewn mah·sheen ah lah·veh

une chaise 
____
ewn shehz

un lit 
____
euhn lee

une baignoire 
____
ewn behy·nwahr

une douche 
____
ewn doosh

un canapé 
____
euhn kah·nah·peh

un réfrigérateur 
____
euhn reh·free·jeh·rah·tuhr

un fauteuil 
____
euhn foh·teuhy

une lampe 
____
ewn laamp

une table 
____
ewn tahbl

un oreiller 
____
euhn oh·reh·yeh

une toilette 
____
ewn twah·leht

une télévision 
____
ewn teh·leh·vee·zyohn

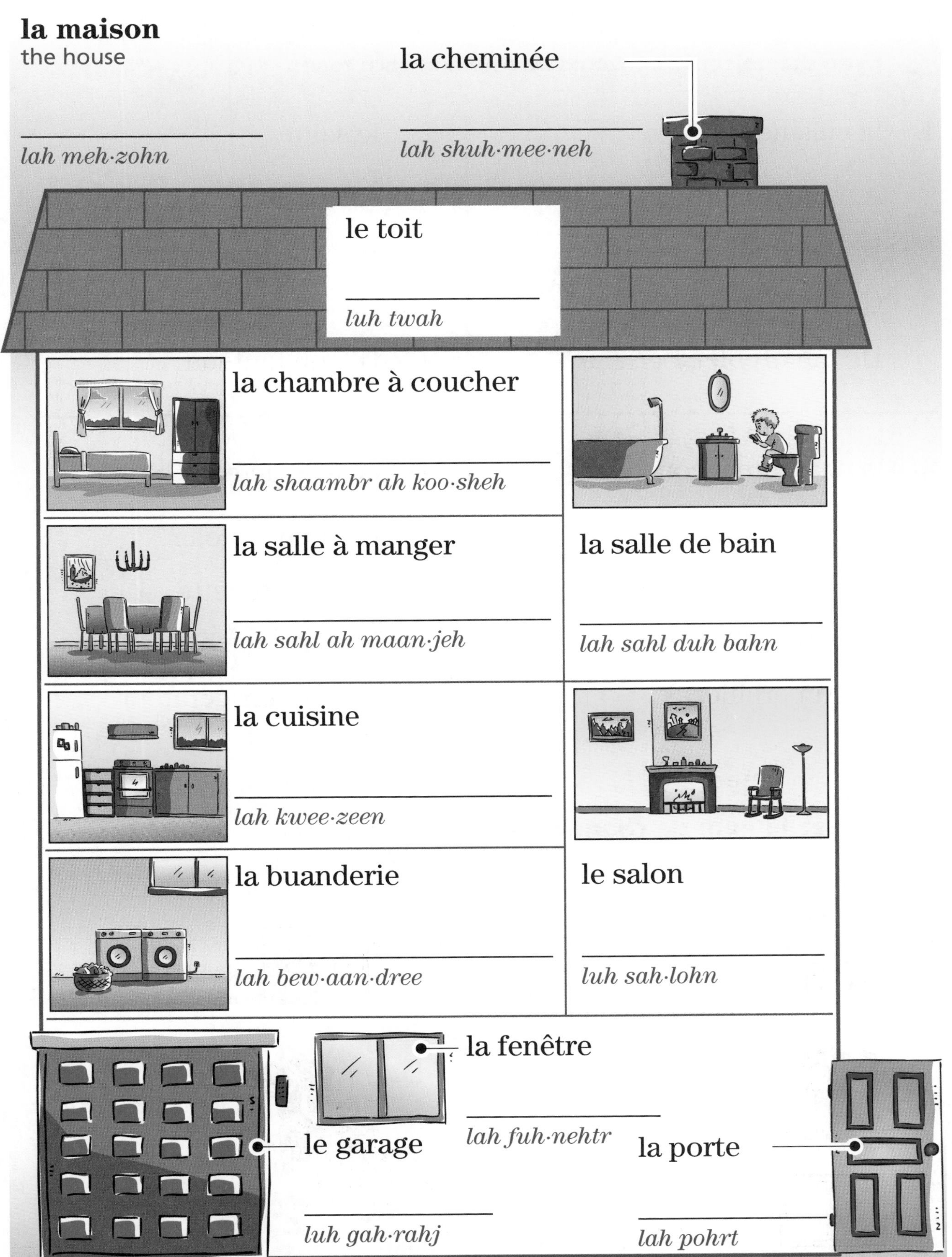
la maison
the house
lah meh·zohn
la cheminée
lah shuh·mee·neh
le toit
luh twah
la chambre à coucher
lah shaambr ah koo·sheh
la salle à manger
lah sahl ah maan·jeh
la salle de bain
lah sahl duh bahn
la cuisine
lah kwee·zeen
la buanderie
lah bew·aan·dree
le salon
luh sah·lohn
la fenêtre
lah fuh·nehtr
le garage
luh gah·rahj
la porte
lah pohrt

B. Encerclez les objets qui se trouvent dans chaque pièce.
Circle the objects that would be found in each room.

1. la cuisine
   - A. une toilette
   - B. une table
   - C. un réfrigérateur
   - D. un oreiller

2. le salon
   - A. un lit
   - B. une baignoire
   - C. un canapé
   - D. un fauteuil

3. la chambre à coucher
   - A. une lampe
   - B. un lit
   - C. une baignoire
   - D. un oreiller

4. la salle de bain
   - A. une douche
   - B. une toilette
   - C. une machine à laver
   - D. un réfrigérateur

C. Écrivez le nom de chaque partie de la maison.
Write the name of each part of the house.

1.  ____________

2.  ____________

3.  ____________

4.  ____________

5.  ____________

ÊTRE au présent
To be

singular	plural
Je **suis** I am *juh swee*	Nous **sommes** We are *noo sohm*
Tu **es** You are *tew eh*	Vous **êtes** You are *voo zeht*
Il **est** He is *eel eh*	Ils **sont** They (m.) are *eel sohn*
Elle **est** She is *ehl eh*	Elles **sont** They (f.) are *ehl sohn*

D. Remplissez les tirets avec la bonne forme du verbe « être ».
Fill in the blanks with the correct form of the verb "être".

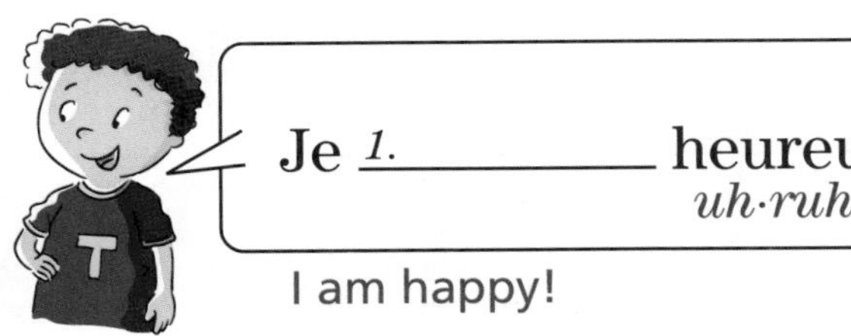

Je *1.* ________ heureux! *uh·ruh*
I am happy!

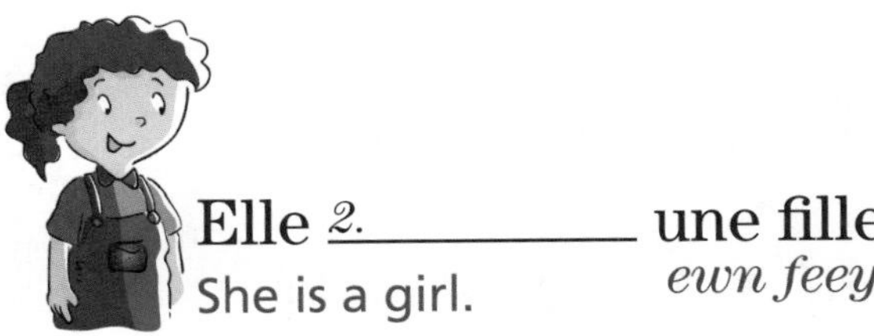

Elle *2.* ________ une fille. *ewn feey*
She is a girl.

Vous *3.* ________ fâchés. *fah·sheh*
You (pl.) are angry.

Elles *4.* ________ tristes. *treest*
They (f.pl.) are sad.

Je *5.* ________ une fille.

Je *6.* ________ un garçon.

Expressions

OÙ
Where

Où est la lampe?
oo eh lah laamp
Where is the lamp?

En anglais :
In English

Question: "Where is...?"

Answer: "It is **in**..."

En français :
In French

Question : « Où est...? »
oo eh

Réponse : « Il/Elle est **dans**... »
eel/ehl eh daan

E. Répondez aux questions par des phrases complètes.
Answer the questions with complete sentences.

e.g. Où est la toilette? Elle est dans la salle de bain.

1. Où est le canapé? ____________
2. Où est la machine à laver? ____________
3. Où est la douche? ____________
4. Où est l'oreiller? ____________
5. Où est la table? ____________

F. Demandez l'endroit de chaque objet avec « Où est... ».
Ask the location of each object using "Où est...".

A
B

A ____________

B ____________

G. Encerclez la bonne réponse.

Circle the correct answer.

1\.

Elle est dans...

A. la salle à manger.

B. la salle de bain.

C. la chambre à coucher.

2\.

Elle est sur...
on

A. le salon.

B. le toit.

C. la buanderie.

3\.

Où est la baignoire?

Elle est dans...

A. la cuisine.

B. la salle de bain.

C. la salle à manger.

4\.

Où est la chaise?

Elle est dans...

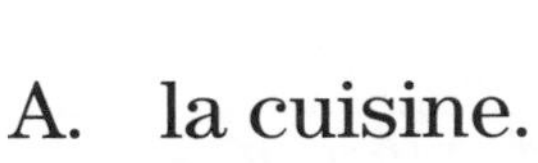

A. la cuisine.

B. le garage.

C. la salle de bain.

Unité **11**

Les animaux domestiques

Domestic Animals (Pets)

Vocabulary: Domestic animals

Expressions: « Mon animal préféré est... »
"My favourite animal is..."

Mon animal préféré est le chien.
mohn ah·nee·mahl preh·feh·reh eh luh shyahn
My favourite animal is the dog.

A. Copiez les mots.
Copy the words.

un cochon d'Inde

____
euhn koh·shohn dahnd

un serpent

____
euhn sehr·paan

un oiseau

____
euhn wah·zoh

une grenouille

____
ewn gruh·nooy

un poisson

____
euhn pwah·sohn

un lézard

____
euhn leh·zahr

un chat
____
euhn shah

une tortue
____
ewn tohr·tew

un hamster
____
euhn ahm·stehr

un chien
____
euhn shyahn

une chienne
____
ewn shyehn

un lapin
____
euhn lah·pahn

B. Encerclez le bon mot français.
Circle the correct French word.

1. ***Bird***

   une grenouille / un oiseau

2. ***Rabbit***

   un lapin / une tortue

3. ***Fish***

   un lézard / un poisson

4. ***Snake***

   un serpent / un chat

5. ***Cat***

   un chat / un chien

6. ***Frog***

   un lapin / une grenouille

C. Écrivez les noms des trois animaux qui composent chaque animal bizarre.
Write the names of the three animals that make up each mysterious creature.

1. __________ __________ __________

2. __________ __________ __________

3. __________ __________ __________

D. Écrivez le nom de l'animal domestique auquel chaque objet appartient.

Write the name of the domestic animal to whom each object belongs.

1.

__h__t

2.

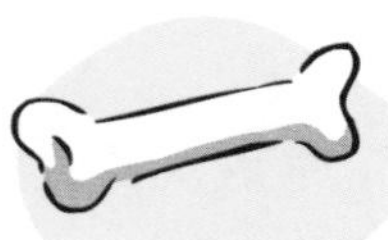

c__ __e__

3.

p__i__ __on

4.

__is__ __u

5.

__a__s__ __ __

6.

l__ __i__

7.

t__rt__ __

8.

co__h__n __'__nd__

9.

__éz__r__

10.

__ren__ __ __l__ __

__hi__ __ __e

E. Mettez les lettres dans le bon ordre.

Put the letters in the correct order.

1. petsren

____

2. rnegiloule

____

3. npsoios

____

4.

____

5. treotu

____

6. délzra

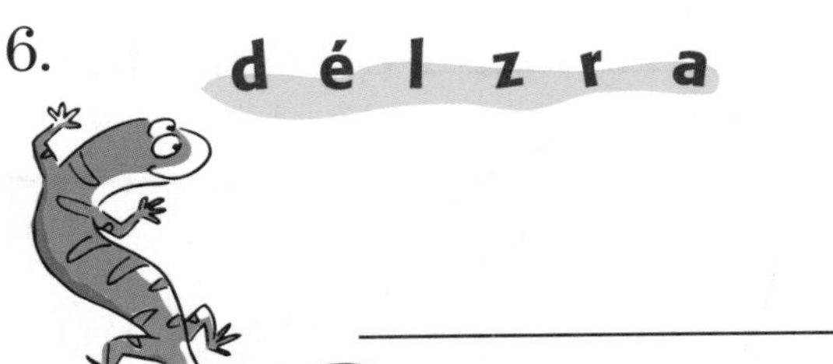

____

7. hact

____

8. soeiau

____

9. ichne

____

F. Écrivez les mots manquants et trouvez les mots cachés dans la grille.

Write the missing French words and find them in the word search.

1. Le ____________ est dans l'eau. The fish is in the water.
2. Il y a une ____________ dans la cuisine! There is a frog in the kitchen!
3. Le ____________ a une balle. The cat has a ball.
4. Le ____________ est dans la maison. The guinea pig is in the house.
5. Le ____________ est un animal domestique. The rabbit is a domestic animal.
6. Le ____________ est dans ma chambre. The hamster is in my room.
7. Le ____________ est dans le désert. The lizard is in the desert.
8. L' ____________ est dans le ciel. The bird is in the sky.

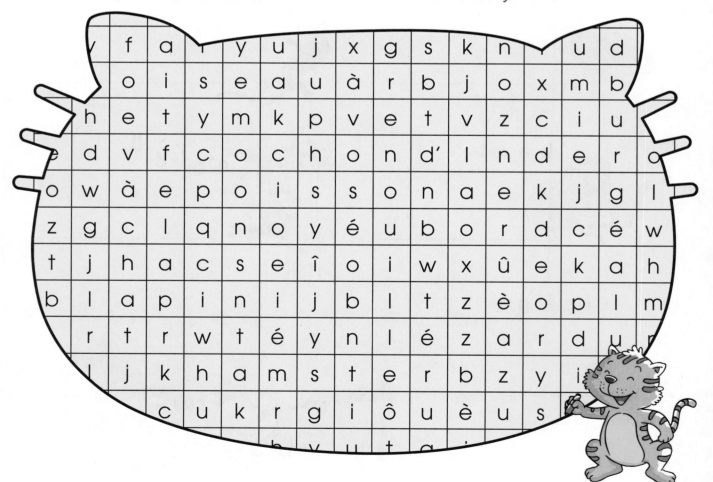

		f	a		y	u	j	x	g	s	k	n		u	d	
		o	i	s	e	a	u	à	r	b	j	o	x	m	b	
	h	e	t	y	m	k	p	v	e	t	v	z	c	i	u	
	d	v	f	c	o	c	h	o	n	d'	l	n	d	e	r	
o	w	à	e	p	o	i	s	s	o	n	a	e	k	j	g	l
z	g	c	l	q	n	o	y	é	u	b	o	r	d	c	é	w
t	j	h	a	c	s	e	î	o	i	w	x	û	e	k	a	h
b	l	a	p	i	n	i	j	b	l	t	z	è	o	p	l	m
	r	t	r	w	t	é	y	n	l	é	z	a	r	d		
		j	k	h	a	m	s	t	e	r	b	z	y	i		
			c	u					ô	u	è	u	s			

En anglais :
In English
"My favourite animal is..."

En français :
In French
« Mon animal préféré est... »
mohn ah·nee·mahl preh·feh·reh eh

Mon animal préféré est le serpent!
mohn ah·nee·mahl preh·feh·reh eh luh sehr·paan
My favourite animal is the snake!

G. Complétez les phrases à l'aide des images et du verbe « être ».
Complete the sentences with the help of the pictures and the verb "être".

1. 
Mon animal préféré ______________________.

2. 
Mon animal préféré ______________________.

3. Mon animal préféré ______________________.

H. Quel est votre animal préféré? Répondez par une phrase complète.
What is your favourite animal? Answer with a complete sentence.

____

____

Dessinez-le!
Draw it!

Unité 12

Les couleurs

Colours

Vocabulary: Words for colours

Grammar: Different forms of colour adjectives

Expressions: « J'aime... » "I like..."
« Je n'aime pas... » "I don't like..."

J'aime le vert!
jehm luh vehr
I like green!

A. Copiez les mots.

Copy the words.

le bleu 

____

luh bluh

le rouge 

____

luh rooj

le jaune 

____

luh johwn

le vert 

____

luh vehr

l'orange 

____

loh·raanj

le violet 

____

luh vee·oh·leh

le rose 

____

luh rohz

le brun 

____

luh bruhn

le gris 

____

luh gree

le noir 

____

luh nwahr

le blanc 

____

luh blaan

le bleu pâle 

____

luh bluh pahl

le vert foncé ________________ *luh vehr fohn·seh*

le bleu marine ________________ *luh bluh mah·reen*

le marron ________________ *luh mah·rohn*

le lilas ________________ *luh lee·lah*

le turquoise ________________ *luh tewr·kwahz*

l'ivoire ________________ *lee·vwahr*

B. Quelle couleur obtient-on lorsqu'on mélange chaque paire de couleurs?
What colour do we get by mixing each pair of colours?

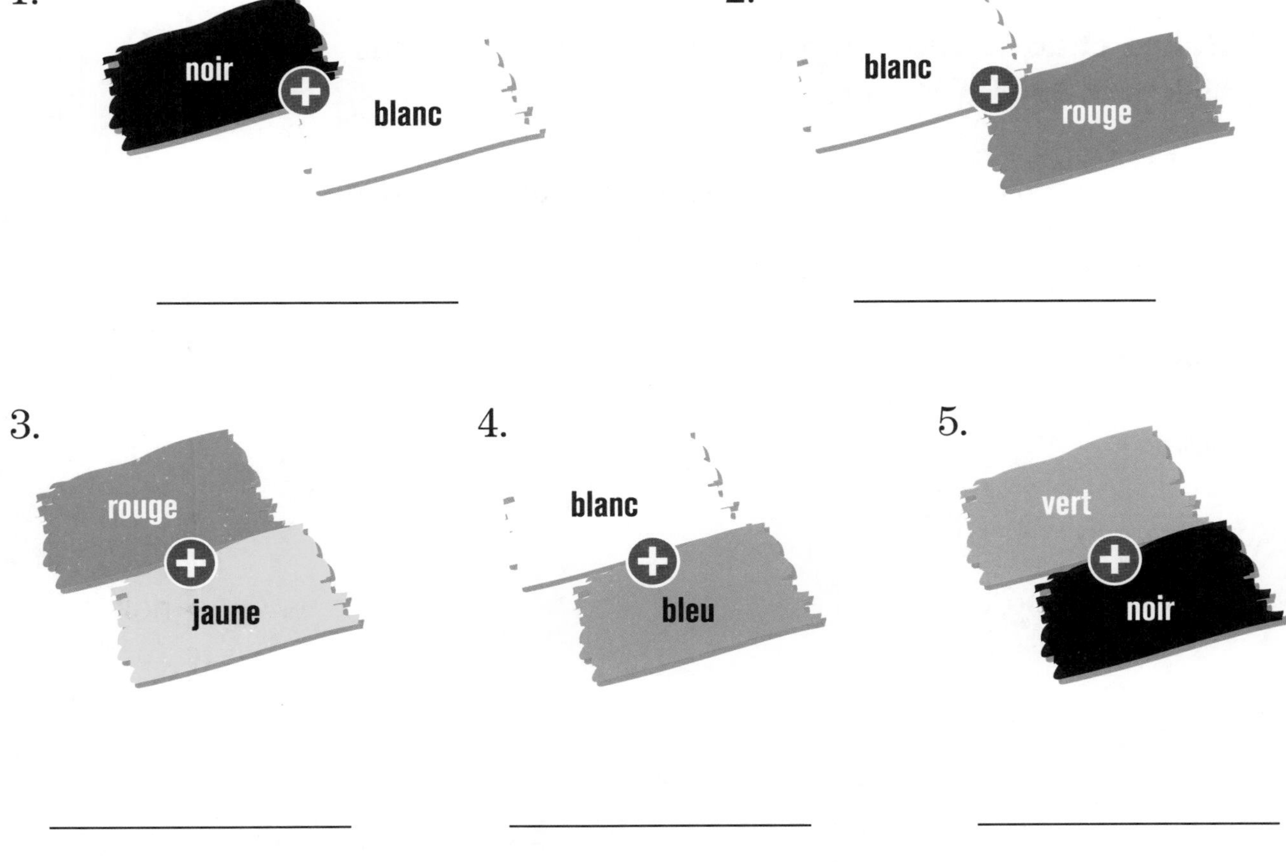

1. ________________

2. ________________

3. ________________

4. ________________

5. ________________

C. Coloriez l'arc-en-ciel avec les couleurs indiquées.

Colour the rainbow with the indicated colours.

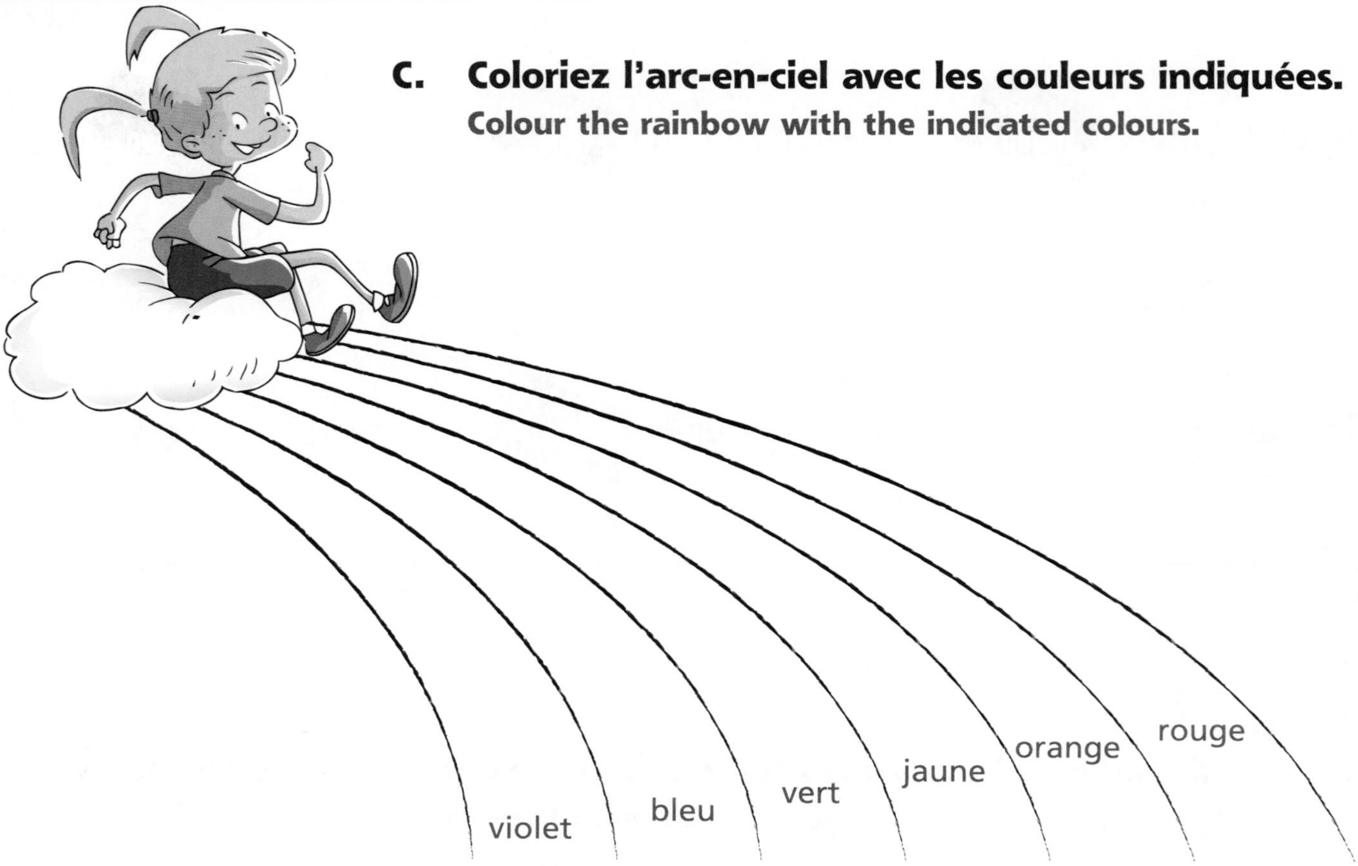

violet bleu vert jaune orange rouge

D. Reliez chaque mot anglais au bon mot français.

Link each English word to the correct French word.

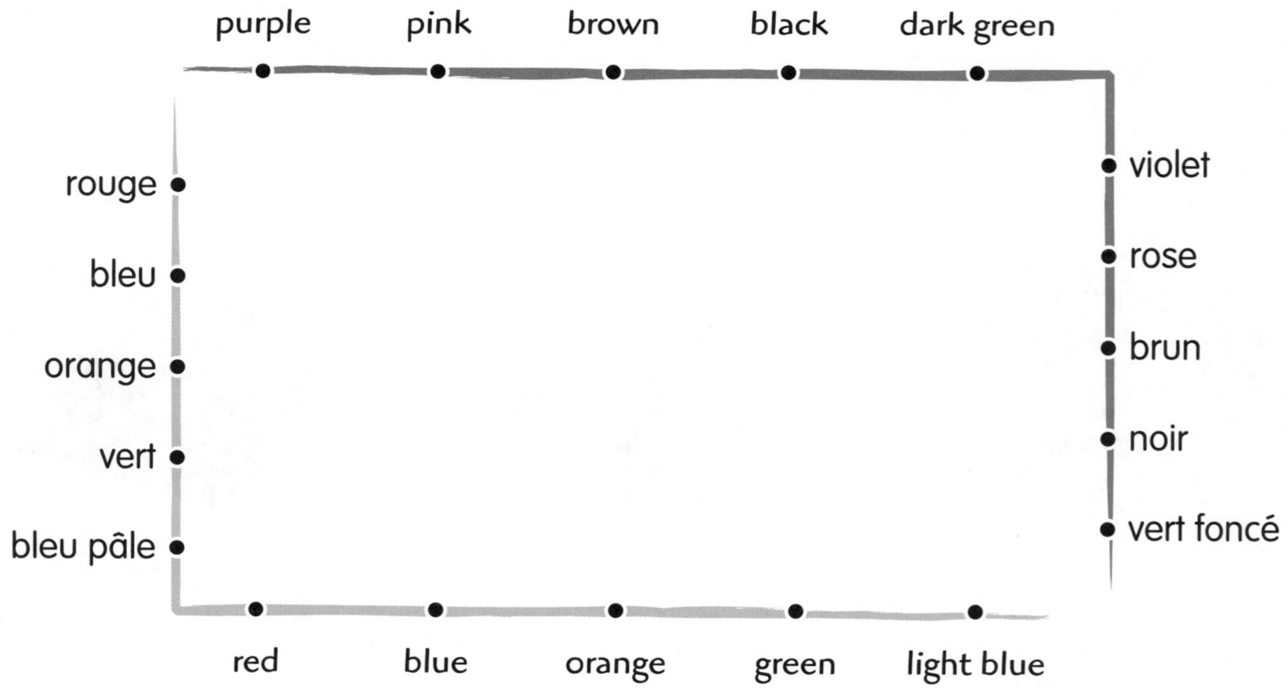

E. Écrivez la couleur de chaque objet.

Write the colour of each object.

1.

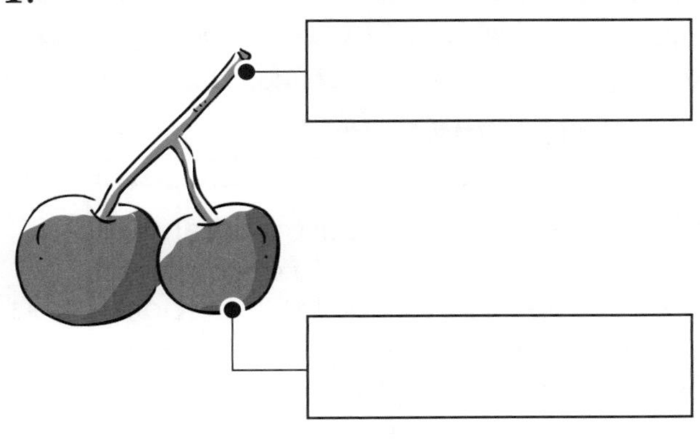

2.

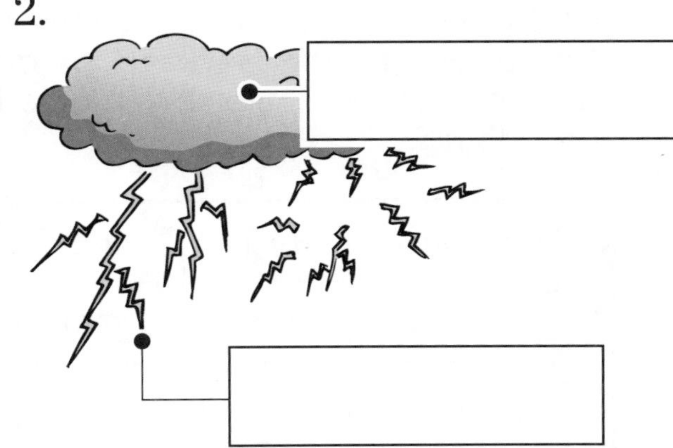

3.

4.

5.

A ____________

B ____________

C ____________

D ____________

E ____________

F ____________

Colour Adjectives

French adjectives must agree in number and gender with the nouns they describe. Colour words can be used as adjectives. They are placed after the nouns they are describing.

"Orange", "marron" and two-word colour adjectives (bleu pâle, vert foncé, etc.) are exceptions that never change form.

Masculine	Singular	bleu	vert	violet	blanc	rouge	orange
	Plural	bleus	verts	violets	blancs	rouges	orange
Feminine	Singular	bleue	verte	violette	blanche	rouge	orange
	Plural	bleues	vertes	violettes	blanches	rouges	orange

F. Complétez les phrases avec la bonne forme du verbe « avoir » et la bonne forme des adjectifs de couleurs.

Complete the sentences with the correct form of the verb "avoir" and colour adjectives.

e.g. **J'ai des crayons rouges.**

1. Tu ______________________________ .

2. Il ______________________________ .

3. Alice ______________________________ .

4. Elles ______________________________ .

5. J'______________________________ .

Expressions

En anglais : In English	En français : In French
"I like..."	« J'aime... » *jehm*
"I don't like..."	« Je n'aime pas... » *juh nehm pah*

J'aime le rouge!
jehm luh rooj
I like red!

G. Écrivez les expressions « J'aime... » et « Je n'aime pas... » avec les couleurs données.

Write the expressions "J'aime..." and "Je n'aime pas..." with the given colours.

1. 

   ____

   ____

2. 

   ____

   ____

3. 

   ____

   ____

4. 

   ____

   ____

Unité 13

Les saisons

The Seasons

Quand est-ce qu'on voit les fleurs?
kaan ehs kohn vwah leh fluhr
When do we see flowers?

Au printemps!
oh preuhn·taam
In spring!

Vocabulary: The seasons

Expressions: « Quand est-ce qu'on voit...? »
"When do we see...?"

A. Copiez les mots.
Copy the words.

L'hiver *Winter*

Le printemps *Spring*

B. Écrivez la saison que vous aimez et celle que vous n'aimez pas.
Write the season you like and the one you do not like.

J'aime ________________ .   Je n'aime pas ________________ .

C. Écrivez le nom de chaque saison en utilisant l'expression « C'est... ».
Write the name of each season using the expression "C'est...".

1.

2.

3.

4.

C'est ______________ .

____

____

____

D. Écrivez le nom et la couleur de chaque objet par une phrase complète. Ensuite écrivez le nom de la saison correspondante.
Write the name and the colour of each object using a complete sentence. Then give the corresponding season.

e.g. Le parapluie est rouge.

La saison : le printemps

1. ______________________

La saison : ______________

2.

____

La saison : ______________

3.

____

La saison : ______________

4.

____

La saison : ______________

5. ______________________

La saison : ______________

E. Dessinez les objets indiqués. Ensuite écrivez le nom de chaque saison.

Draw the indicated objects. Then write the name of each season.

Les saisons

- un bonhomme de neige blanc
- la neige blanche

- des fleurs rouges
- de la pluie bleue

- une citrouille orange
- une feuille rouge

- un soleil jaune
- une plage brune

Suivez le cycle des saisons dans votre dessin.

swee·veh luh seekl deh seh·zohn daan vohtr deh·sahn

Follow the cycle of the seasons in your drawing.

F. Encerclez tout ce qui correspond à la saison indiquée.
Circle the objects or words that correspond with the season indicated.

1. L'hiver ______

la pluie　　la neige
le soleil　　la plage
le bonhomme de neige

2. Le printemps ______

la feuille　　la fleur
la pelle　　le râteau
la neige　　la piscine

3. L'été ______

la neige　　la plage
la fleur　　le soleil
le râteau　　la pluie

4. L'automne ______

la feuille　　la neige
la citrouille　　la piscine
le parasol　　la pluie

En anglais :
In English
"When do we see...?"

En français :
In French
« Quand est-ce qu'on voit...? »
kaan ehs·kohn vwah...

Quand est-ce qu'on voit les fleurs?
kaan ehs kohn vwah leh fluhr
When do we see flowers?

G. Choisissez la bonne réponse à chaque question de la boîte ci-dessous.
Choose the correct answer to each question from the box below.

- **en** hiver
- **au** printemps
- **en** été
- **en** automne

1. Quand est-ce qu'on voit la citrouille?

   ____

2. Quand est-ce qu'on voit la neige?

   ____

3. Quand est-ce qu'on voit les fleurs?

   ____

4. ***Quand est-ce qu'on voit le soleil?***

   ____

Unité
14 Le temps
The Weather

Vocabulary: Words related to the weather

Expressions: « Quel temps fait-il? » **"What's the weather like?"**

« Il fait... » **"It's..."**

Quel temps fait-il?
kehl taam feh·teel
What's the weather like?
Il fait froid.
eel feh frwah
It's cold.

A. Copiez les mots.
Copy the words.

la pluie
rain

____
lah plwee

la neige
snow

____
lah nehj

le vent
wind

____
luh vaan

le soleil
the sun

____
luh soh·lehy

la glace
ice

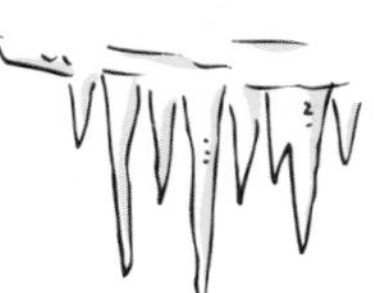

____
lah glahs

les nuages
clouds

____
leh new·ahj

l'éclair
lightning

____
leh·klehr

le brouillard
fog

____
luh broo·yahr

le tonnerre
thunder

BOOM

____
luh toh·nehr

Il pleut.
It's rainy.

____

eel pluh

Il neige.
It's snowy.

____

eel nehj

Il fait beau. It's nice.

____

eel feh boh

Il fait mauvais. It's bad.

____

eel feh moh·veh

Il fait frais. It's cool.

____

eel feh freh

Il fait chaud. It's hot.

____

eel feh shoh

Il fait froid. It's cold.

____

eel feh frwah

Il y a du vent.
It's windy.

____

eel ee yah dew vaan

Il y a du soleil.
It's sunny.

____

eel ee yah dew soh·lehy

Il y a des nuages.
It's cloudy.

____

eel ee yah deh new·ahj

Il y a de l'orage.
It's stormy.

____

eel ee yah duh loh·rahj

Il y a du brouillard.
It's foggy.

____

eel ee yah dew broo·yahr

B. Complétez la phrase avec l'une des expressions ci-dessus.
Complete the sentence with one of the above expressions.

Aujourd'hui, il ______________

____

Il gèle!
eel jehl
It's freezing!

C. Écrivez les mots en français. Trouvez les mots cachés dans la grille.

Write the words in French. Find them in the word search.

1. storm ______________
2. nice ______________
3. snow ______________
4. thunder ______________
5. ice ______________
6. wind ______________
7. sun ______________
8. lightning ______________
9. cool ______________
10. fog ______________
11. rain ______________
12. clouds ______________

										x				ô
								i	a	b				k
						p	l	u	i	e				m
				a	s	é	o	l	g	r	v	c	n	o
		t	u	t	h	f	g	f	n	e	i	g	e	r
a	b	r	o	u	i	l	l	a	r	d	w	o	u	a
s	o	f	d	n	h	i	a	n	u	a	g	e	s	g
o	a	b	s	l	n	y	c	r	f	n	i	a	o	e
l	w	e	è	b	b	e	e	d	e	g	m	s	è	f
e	s	a	k	r	a	c	r	a	v	e	n	t	è	d
i	f	u	é	c	l	a	i	r	v	t	v	o	p	s
l	o	x	n	u	d	x	f	g	e	d	i	k	w	h

D. Complétez les phrases à l'aide des images.

Complete the sentences with the help of the pictures.

1. 

   Il y a d_s n_a_es.

2. 

   Il y a d_ s_l_ _l.

3. 

   Il p_ _ _t.

4. Il y a d_ v_ _t.

5. 

   Il y a des _cl_ _rs.

E. Encerclez le temps qui correspond au mois indiqué.

Circle the weather that matches the given month.

En janvier, il fait chaud / (froid).

1. En août, il y a **du soleil / de l'orage** .
2. En octobre, **il fait chaud / il y a du vent** .
3. En novembre, il y a **des nuages / du soleil** .
4. En février, il **neige / fait beau** .
5. En mai, il **pleut / gèle** .

Expressions

Il fait mauvais!

En anglais :
In English

Question:
"What's the weather like?"

Answer:
"It's..."

En français :
In French

Question :
« Quel temps fait-il? »
kehl taam feh·teel

Réponse :
« Il fait... »
eel feh

F. Mettez les mots dans le bon ordre. Ensuite traduisez l'expression en anglais.

Put the words in the correct order. Then translate the expression into English.

1. il / Quel / fait / - / temps / ?

   ____

   En anglais : ______________________________

2. fait / chaud. / Il

   ____

   En anglais : ______________________________

3. des / Il / a / nuages. / y

   ____

   En anglais : ______________________________

4. frais. / Il / fait

   ____

   En anglais : ______________________________

G. Répondez à la question pour chacune des images.

Answer the question about each picture.

Quel temps fait-il?

A ____________________ B ____________________

C ____________________ D ____________________

E ____________________ F ____________________

Unité 15

Les vêtements

Clothing

Vocabulary: Words for articles of clothing

Expressions: « Je porte... » "I'm wearing..."

Je porte un chapeau.
juh pohrt euhn shah·poh
I'm wearing a hat.

A. Copiez les mots.

Copy the words.

Les vêtements

clothes

____

leh veht·maan

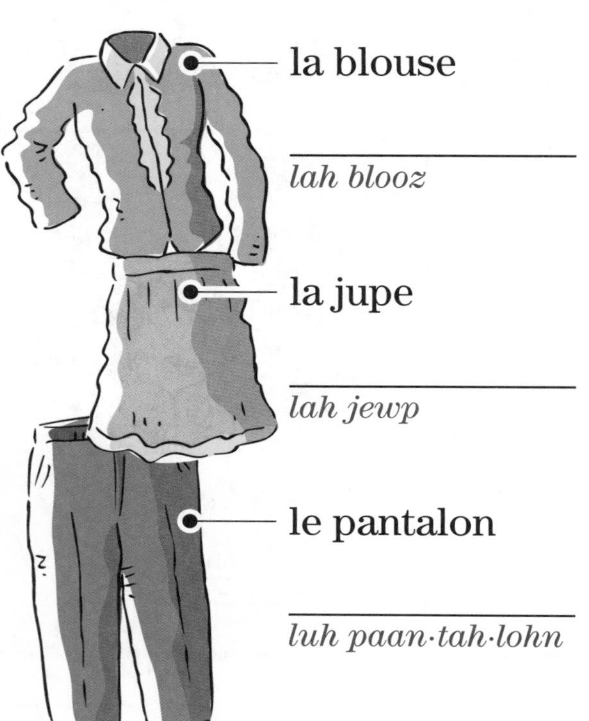

les sous-vêtements
underwear

____

leh soo·veht·maan

les chaussettes
socks

____

leh shoh·seht

le maillot de bain
bathing suit

____

luh mah·yoh duh·bahn

la tuque
tuque

____

lah tewk

le manteau
coat

____

luh mahn·toh

les mitaines
mittens

____

leh mee·tehn

le chapeau
hat

____

luh shah·poh

les gants
gloves

____

leh gaan

le pantalon de neige
snowpants

____

luh paan·tah·lohn duh nehj

les chaussures
shoes

____

leh shoh·sewr

les sandales
sandals

____

leh saan·dahl

les bottes
boots

____

leh boht

B. Écrivez le nom de chaque vêtement.

Write the name of each article of clothing.

Les vêtements

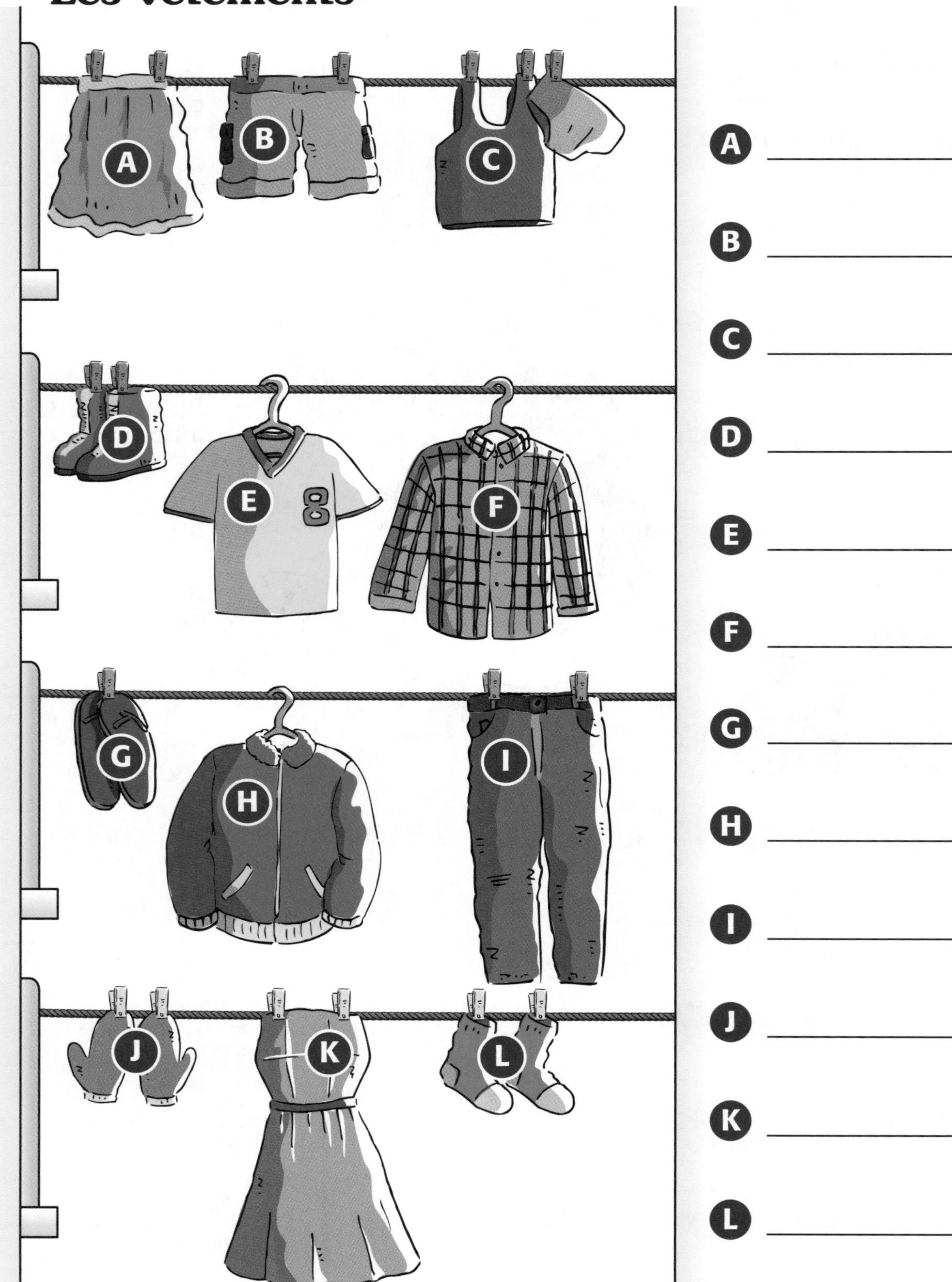

A ____________________

B ____________________

C ____________________

D ____________________

E ____________________

F ____________________

G ____________________

H ____________________

I ____________________

J ____________________

K ____________________

L ____________________

C. Écrivez trois vêtements dont chaque enfant a besoin.

Write three articles of clothing each child needs.

1.

2.

3.

4.

D. Écrivez quatre vêtements que vous portez en ce moment.

Write four articles of clothing you are wearing right now.

E. Mettez les lettres dans le bon ordre. Ensuite faites les mots croisés.

Put the letters in the correct order. Then fill in the crossword puzzle.

Vertical

A tangs ____________

B blseou ____________

C qtuue ____________

D ujpe ____________

E broe ____________

F torsh ____________

Horizontal

1 eajn ____________

2 testob ____________

3 peahcau ____________

4 dansalse ____________

E D 1 B C F 2 A 3 4

Expressions

En anglais : In English	**En français :** In French
"I am wearing..."	« Je porte... » *juh pohrt*
"You are wearing..."	« Tu portes... » *tew pohrt*
"He/She is wearing..."	« Il/Elle porte... » *eel/ehl pohrt*

F. Complétez chaque phrase avec « porte/portes » et le bon vêtement. Ensuite traduisez la phrase en anglais.

Complete each sentence using "porte/portes" and the correct article of clothing. Then translate the sentence into English.

1. 

   Je porte ______________________________ .

   En anglais : ______________________________

2. 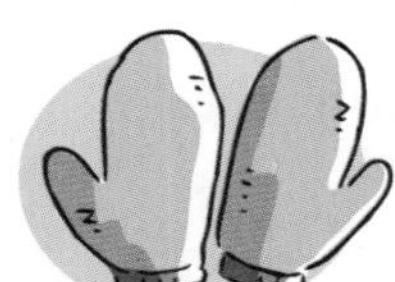

   Tu ______________________________ .

   En anglais : ______________________________

3. 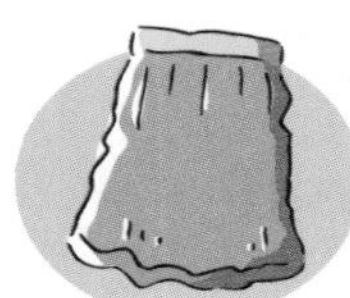

   Elle ______________________________ .

   En anglais : ______________________________

4. 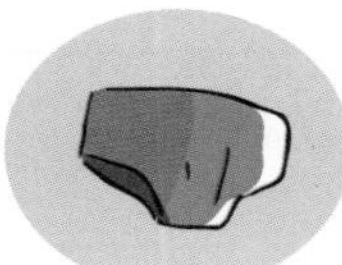

   Marcel ______________________________ .

   En anglais : ______________________________

5. Je ______________________________ .

   En anglais : ______________________________

Unité 16

La nourriture et les repas

Food and Meals

Vocabulary: Words related to food

Expressions: « Je mange... » "I'm eating..."

ICE-CREAM
Je mange de la crème glacée!
juh maanj duh lah krehm glah·seh
I'm eating ice cream!

A. Copiez les mots.

Copy the words.

Les fruits

Fruits

____

leh frwee

- une pomme
  an apple
  ____
  ewn pohm
- une banane
  a banana
  ____
  ewn bah·nahn
- une orange
  an orange
  ____
  ewn oh·raanj

Les céréales

Grains

____

leh seh·reh·ahl

- le pain
  bread
  ____
  luh pahn
- les pâtes
  pasta
  ____
  leh paht
- l'avoine
  oat
  ____
  lah·vwahn

La viande

Meat

____

lah vyaand

- le poulet
  chicken
  ____
  luh poo·leh
- le bœuf
  beef
  ____
  luh buhf
- le poisson
  fish
  ____
  luh pwah·sohn

Les produits laitiers

Milk Products

____

leh proh·dwee leh·tyeh

- le lait milk

  ____

  luh leh

- le yogourt yogourt

  ____

  luh yoh·goor

- le beurre butter

  ____

  luh buhr

Les légumes

Vegetables

____

leh leh·gewm

- la tomate tomato

  ____

  lah toh·maht

- la laitue lettuce

  ____

  lah leh·tew

- le céleri celery

  ____

  luh sehl·ree

Les repas

Meals

____

leh ruh·pah

- le déjeuner breakfast

  ____

  luh deh·juh·neh

- le dîner lunch

  ____

  luh dee·neh

- le souper dinner

  ____

  luh soo·peh

Le dessert

Dessert

____

luh deh·sehr

- la crème glacée ice cream

  ____

  lah krehm glah·seh

- le biscuit cookie

  ____

  luh bees·kwee

- le gâteau cake

  ____

  luh gah·toh

B. Encerclez le groupe auquel chaque aliment appartient.

Circle the group to which each food item belongs.

1. 

   les fruits
   les céréales
   les légumes

2. 

   le dessert
   le déjeuner
   les légumes

3. 

   le dessert
   la viande
   les fruits

4. 

   les céréales
   les produits laitiers
   les repas

5. 

   les repas
   les céréales
   les fruits

6. 

   les légumes
   les fruits
   les céréales

C. Dessinez un aliment qui appartient à chaque groupe alimentaire.

Draw a food item that belongs to each food group.

Un produit laitier

Un fruit

D. Décrivez l'image en donnant le group auquel chaque nourriture appartient. Utilisez le verbe « être ».

Describe each picture by giving the group to which each item belongs. Use the verb "être".

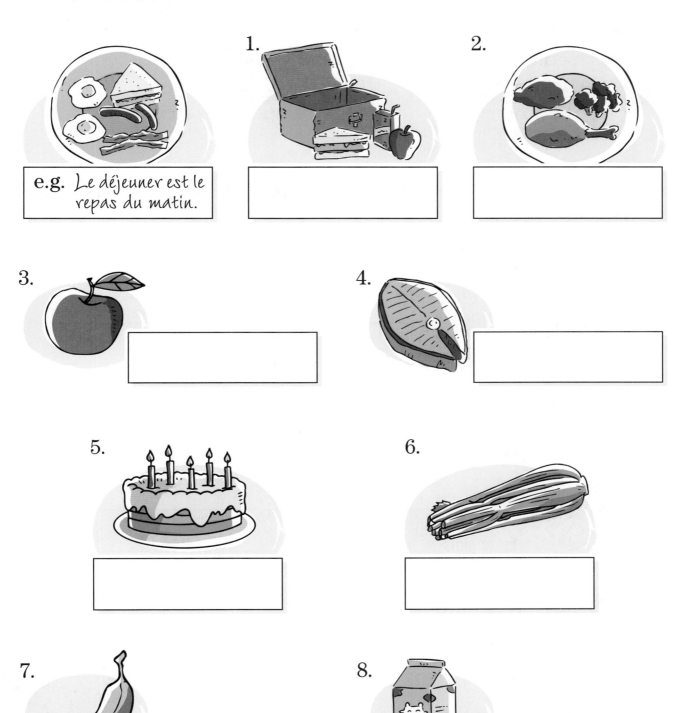

e.g. Le déjeuner est le repas du matin.

1.

2.

3.

4.

5.

6.

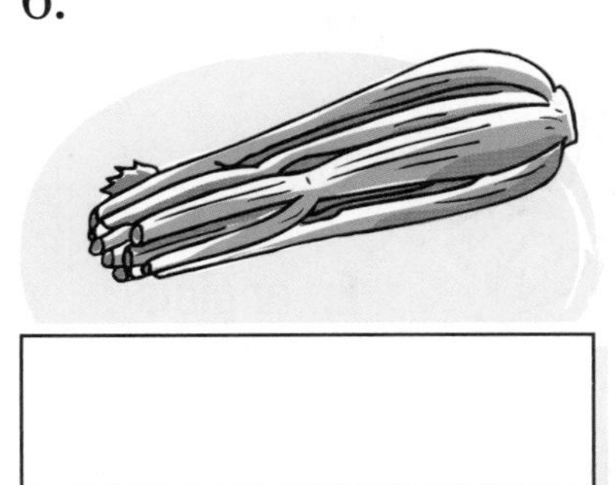

7.

8.

Expressions

Je mange des biscuits.
juh maanj deh bees·kwee
I'm eating cookies.

En anglais : **In English**	**En français :** **In French**
"I am eating..."	« Je mange... » *juh maanj...*
"You are eating..."	« Tu manges... » *tew maanj...*
"He/She is eating..."	« Il/Elle mange... » *eel/ehl maanj...*

E. Complétez les phrases à l'aide des images. Ensuite traduisez-les en anglais.

Complete the sentences with the help of the pictures. Then translate them into English.

1. 
Il mange ____________________ .
En anglais : ____________________

2. 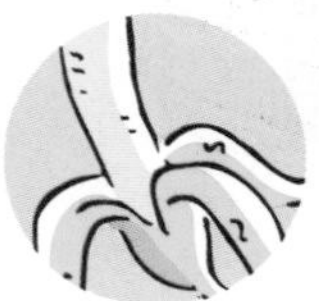
Tu ____________________ .
En anglais : ____________________

3. 
Elle ____________________ .
En anglais : ____________________

4. Marcel ____________________ .
En anglais : ____________________

5. Je ____________________ .
En anglais : ____________________

F. Écrivez trois aliments que vous mangez à chaque repas, en utilisant l'expression « Je mange... ».

Write three things that you usually have for each meal using the expression "Je mange...".

Les repas

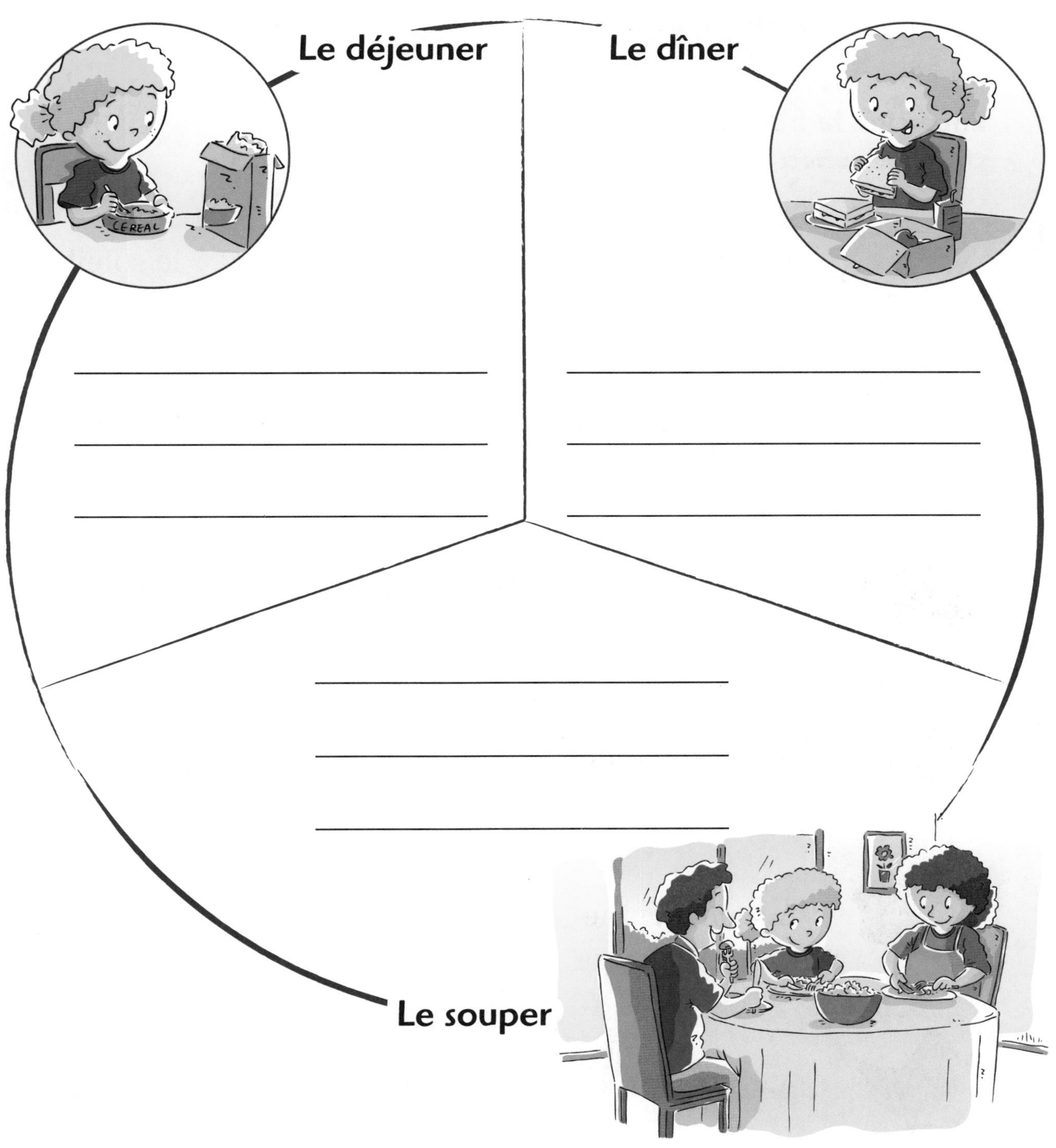

La révision 2

La révision

- Les pronoms personnels sujets
- Les verbes « avoir » et « être »
- Chez moi
- Les animaux domestiques
- Les couleurs
- Les saisons et le temps
- Les vêtements
- La nourriture et les repas

A. Encerclez la bonne réponse.
Circle the correct answer.

1.  A. un oreiller B. un lit C. le soleil

2.  A. un fauteuil B. la glace C. le vent

3.  A. une tortue B. un lapin C. l'hiver

4.  A. une feuille B. la neige C. une pomme

5.  A. un légume B. le pain C. une fleur

6.  A. une laitue B. un tee-shirt C. un poulet

7. 

A. la cuisine
B. la buanderie
C. la fenêtre
D. la salle de bain

8. 

A. une banane
B. le printemps
C. l'hiver
D. une jupe

9. 

A. les fruits
B. les céréales
C. les légumes
D. la viande

10. 

A. un pantalon blanc
B. une jupe blanche
C. une jupe blanc

11. 

A. une crème glacée
B. un yogourt
C. le lait

12. 

A. la neige
B. le soleil
C. les nuages

13. 

A. une chaise
B. un canapé
C. un fauteuil

14. 

A. une grenouille
B. un lézard
C. une tortue

15. 

A. un lit
B. une baignoire
C. une toilette

B. Remplissez les tirets pour écrire le nom des objets.

Fill in the blanks to write the names of the objects.

- A l__ n__ __ge
- B l__ b__nh__m__ __ de __ei__e
- C l'__c__ai__
- D l__ t__nn__r__e
- E __n __h__t
- F une b__ __gn__ire
- G un__ __am__e
- H __n ch__ __ __
- I u__ p__ __ss__n
- J u__ __âte__ __
- K d__s fe__il__es
- L __n ois__ __ __
- M l__ d__j__ __ne__
- N un b__s__ui__
- O l__ l__ __t

C. Mettez les lettres dans les bons cercles.

Put the letters in the correct circles.

- you (sg.) are
- the living room
- a shower
- she is
- ice
- summer
- beef
- a guinea pig
- I have
- a rabbit
- chicken
- a dress
- a snake

- A le bœuf
- B la glace
- C un cochon d'Inde
- D une douche
- E tu es
- F une robe
- G un lapin
- H elle est
- I l'été
- J le poulet
- K le salon
- L un serpent
- M j'ai

D. Écrivez la bonne lettre dans le cercle.

Write the correct letter in the circle.

1. Où est le lit?

A 
B 
C 

2. Mon animal préféré est la tortue.

A 
B 
C 

3. J'aime les oiseaux orange.

A 
B 
C 

4. Quand est-ce qu'on voit la neige?

A 
B 
C 

5. Elle porte un chapeau bleu.

A 
B 
C 

6. Quel temps fait-il en octobre?

A 
B 
C 

7. Je mange des pâtes.

A 
B 
C 

8. J'ai une grenouille.

A 
B 
C 

L'heure du conte

Kinta le bébé kangourou

Personnages

Mère

Kinta

Frère

Salut! Je m'appelle Kinta, et je suis un bébé kangourou. **Quand** j'étais petit, je restais dans la poche ventrale de ma mère.

1

Réponses courtes

1. **Comment s'appelle le bébé kangourou?**
2. **Où est Kinta?**

À l'âge de neuf mois, je pouvais sortir de la **poche** de ma mère et jouer **dehors**.

Bonjour Kinta!

Mais je retournais quand j'avais peur.

Nouveaux mots
New Words

quand : when
la poche : pouch
dehors : outside

Quand est-ce que tu veux jouer dehors?
When do you want to play outside?
Maintenant!
Now!

J'habite **avec** ma mère, mon père et les autres kangourous.

J'adore jouer avec mes **amis**.

Réponses courtes

1. **Qui habite avec Kinta?**
2. **Qu'est-ce que les autres kangourous font?**

Mes amis et moi pouvons sauter **haut** et **vite**.

Faisons la course,
Kinta!

Nouveaux mots
New Words

avec : with

haut : high

un ami : friend

vite : fast

Nous sommes des amis.
We are friends.

Nous, les kangourous, utilisons nos pattes arrière pour **sauter**. Nous avons aussi une queue puissante.

1

Réponses courtes

1. **Qu'est-ce que les kangourous utilisent pour sauter?**
2. **Est-ce que les kangourous sont capables de sauter en arrière?**

Montre-moi comment tu sautes!
Petit poisson, nous **pouvons** sauter en avant mais pas en arrière.
Elle saute. Je peux sauter aussi!
She jumps. I can jump too!

Nouveaux verbes
New Verbs

sauter : to jump

pouvoir : to be able to

Nous aimons **nager** quand nous sommes près de l'eau.

1

Réponses courtes

1. **Est-ce que les kangourous aiment nager?**
2. **Pourquoi est-ce que les kangourous mangent seulement la nuit?**

Nous ne mangeons pas pendant la **journée**. Nous mangeons pendant la nuit quand il fait frais.
Nous aimons manger de l'herbe et des feuilles.
J'aime manger.
I like to eat.

Prononciation
Pronunciation

Le son [zh]

nager	*journée*	*manger*
to swim	day	to eat

Un jour, j'ai trouvé un petit kangourou dans la poche de ma mère. Il était petit et **si mignon**.

1

Réponses courtes

1. **Qu'est-ce qu'il y a dans la poche de la mère?**
2. **Pourquoi est-ce que Kinta paraît heureux?**

C'était mon nouveau petit frère.
C'est génial! J'ai un frère maintenant!
Nouvelles expressions
New Expressions
Mon chat s'appelle Charlie. Il est si mignon!
My cat's name is Charlie. He is so cute!
Tu as un chat. C'est génial!
You have a cat. That's great!

J'enseigne à mon frère comment tourner sur sa **queue** et danser!

1

Réponses courtes

1. **Comment est-ce que Kinta danse?**
2. **Qu'est-ce que les kangourous vont être?**

Nous allons être les **meilleurs danseurs**!
Excellent travail, les garçons!
les danseurs

Prononciation
Pronunciation

Le son [euh]

queue	*meilleurs*	*danseurs*
tail	best	dancers

Est-ce que tu te rappelles?

Remplis les espaces avec le vocabulaire de l'histoire.
Fill in the blanks with vocabulary from the story.

1. Kinta se sent en sécurité dans la p____________ de sa mère.

2. Quand les kangourous sont près de l'eau, ils aiment n____________ .

3. Les kangourous mangent de l'____________ et des f____________ .

4. Le frère de Kinta est petit et m____________ .

5
J'aime jouer d____________ avec mes amis.

Conjuguons ensemble

Complète les conjugaisons. Ensuite remplis les espaces avec la bonne conjugaison en utilisant « habiter » ou « manger ».

Complete the conjugations. Then fill in the blanks with the correct conjugation using "to live" or "to eat".

	Habiter to live	**Manger** to eat
je/j'	habit**e**	mang__
tu	habit**es**	mang___
il	habit**e**	mang__
elle	habit**e**	mang__
nous	habit**ons**	mang**e**_____
vous	habit**ez**	mang___
ils	habit**ent**	mang_____
elles	habit**ent**	mang_____

Remember

nous / we	I +
vous / you (pl.)	you +
ils / they (m.)	
elles / they (f.)	

1. Les kangourous disent : « Nous ______________ de l'herbe. »

2. Les kangourous ______________ tous ensemble.

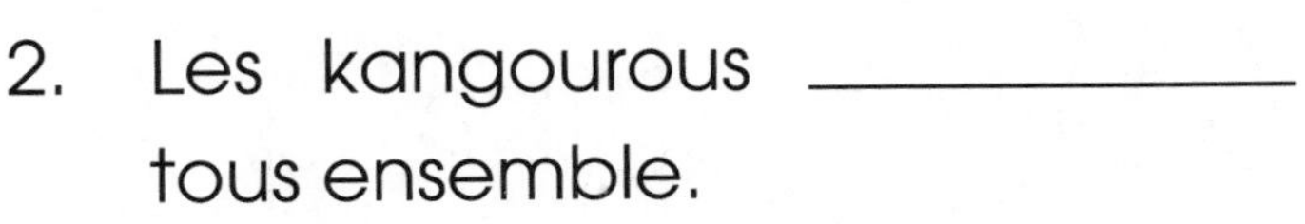

3. Les kangourous ______________ pendant la nuit quand il fait frais.

4. Kinta ______________ avec sa mère, son père et les autres kangourous.

Histoire 1

À l'écrit

Utilise les mots dans l'image pour compléter le poème.

Use the words in the picture to complete the poem.

Kinta ______________ de

______________ et ______________

Pendant ______________

Quand il fait frais.

Miam-miam!

la nuit

des feuilles

mange

l'herbe

Corrige les erreurs

Encercle et corrige l'erreur dans chaque phrase.
Circle and correct the error in each sentence.

1. Kinta habiter avec sa mère.

2. Les kangourous utilisent la tête pour sauter.

3. Les kangourous mangent des animaux.

4. Les kangourous vont être les meilleurs danseur.

5. Kinta enseigne à son père comment danser.

Résumé de l'histoire

Forme les phrases pour compléter le résumé de l'histoire.
Form the sentences to complete the summary of the story.

1

Kinta habite
avec sa mère
et son frère

2

peut et
Kinta haut
sauter vite

3

Les kangourous
une queue
ont puissante

1. **Kinta** ______________________________

2. ______________________________

3. ______________________________

4. aiment / nager / **Les kangourous** /
l'eau / dans

____

____

Histoire 2

Doudou le bébé dauphin

Personnages

Salut mon ami! Je m'appelle Doudou et je suis un bébé dauphin. Nous habitons dans la **mer**.
2
La mer est notre maison. J'habite ici avec ma mère et mon père.

Réponses courtes

1. **Où habite Doudou?**
2. **Comment est-ce qu'il respire?**

J'ai un **trou** sur la **tête** pour respirer, comme ma mère et mon père. Le trou est comme un **nez** mais je ne peux pas sentir.

Nouveaux mots
New Words

la mer : sea
la tête : head
le trou : hole
le nez : nose

ma tête et mon nez
my head and my nose

J'aime manger du poisson, c'est mon préféré.

2

Ma mère mange des animaux de la mer mais je me nourris de son lait jusqu'à l'âge d'un an et demi. Quand je grandis, je vais avoir entre 80 et 100 dents en total!

Réponses courtes

1. **Que mange la mère de Doudou?**
2. **Que font Doudou et sa mère toute la journée?**

Ma mère va me **montrer** comment **attraper** les poissons. Ma mère et moi, nous **chassons** les poissons ensemble toute la journée. Pour attraper la nourriture, nous chassons en groupe.

Nouveaux verbes
New Verbs

montrer : to show
attraper : to catch
chasser : to chase

Je te chasse!
I'm chasing you!
Attrape-moi!
Catch me!

Salut Doudou!
Comment ça va?

2

Nous habitons avec d'autres **dauphins**. Les autres dauphins sont très gentils. J'ai beaucoup d'amis.

Réponses courtes

1. **Est-ce qu'il y a d'autres dauphins qui habitent dans la mer?**
2. **Qu'est-ce que les autres dauphins aiment faire?**

Nous adorons jouer et éclabousser dans l'**eau**. J'adore sauter en l'air, très **haut**.

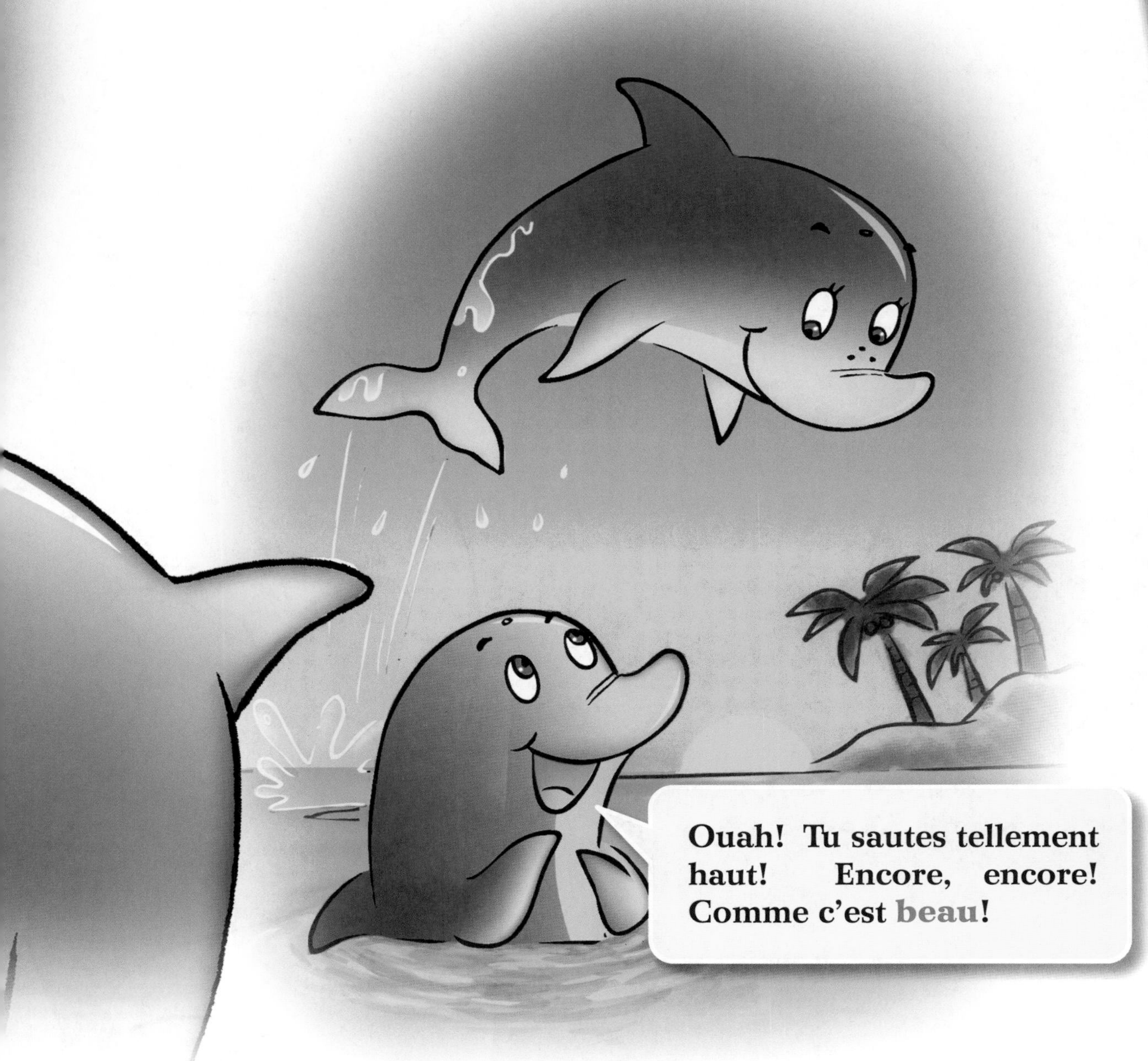

Ouah! Tu sautes tellement haut! Encore, encore! Comme c'est **beau**!

Prononciation
Pronunciation

l'eau

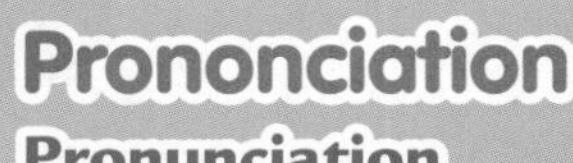

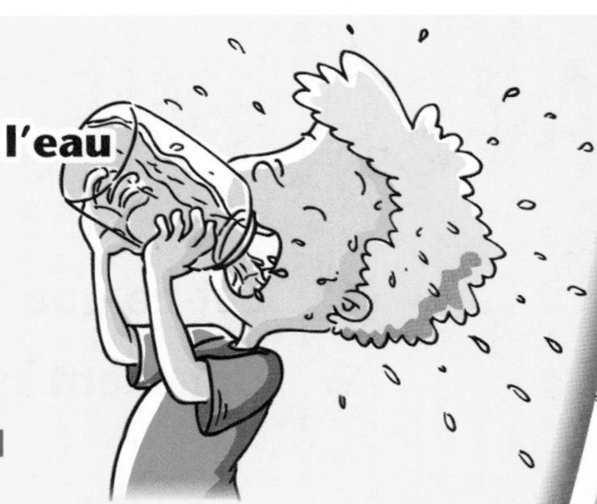

Le son [o]

d__au__phins	*__eau__*	*h__au__t*	*b__eau__*
dolphins	water	high	beautiful

2

Nous avons notre propre langue. La langue est très facile parce que mon père m'enseigne.

Réponses courtes

1. **Est-ce que les dauphins parlent le français?**
2. **Comment est-ce que Doudou peut appeler au secours?**

Mon père m'enseigne comment **parler**, comment **siffler** et comment faire des clics. Je **dois apprendre** ça si j'ai besoin d'appeler au secours.

Je parle bien le français mais tu parles très bien le français.
I speak French well but you speak French very well.

Merci!
Thank you!

Nouveaux verbes
New Verbs

parler : to speak
devoir : to have to
siffler : to whistle
apprendre : to learn

2

Un jour, je vois quelque chose étrange. Je nage un peu plus près. **Il y a** beaucoup d'animaux de la mer **tous ensemble**. **C'est très beau**.

Ouah! Qu'est-ce que c'est?

Réponses courtes

1. **Qu'est-ce que Doudou fait quand il voit quelque chose étrange?**
2. **Quels sont les animaux de la mer attrapés dans le filet?**

Ma mère m'arrête au bon moment. Les animaux de la mer sont tous attrapés dans un grand filet. Il y a des petits poissons et des grands poissons tous ensemble. Il y a même une pieuvre et un crabe dans le filet. Je suis très triste.

Ils sont tous attrapés.

Nouvelles expressions
New Expressions

C'est très beau!
It's very beautiful!

il y a : there is/are
tous ensemble : all together
C'est très beau! : It's very beautiful!

Maintenant, je reste **toujours** près de ma mère pour la sécurité. J'aime rester avec ma famille et mes amis.

2

Réponses courtes

1. **Pourquoi est-ce que Doudou reste près de sa mère?**
2. **Qu'est-ce que Doudou montre à ses amis spéciaux?**

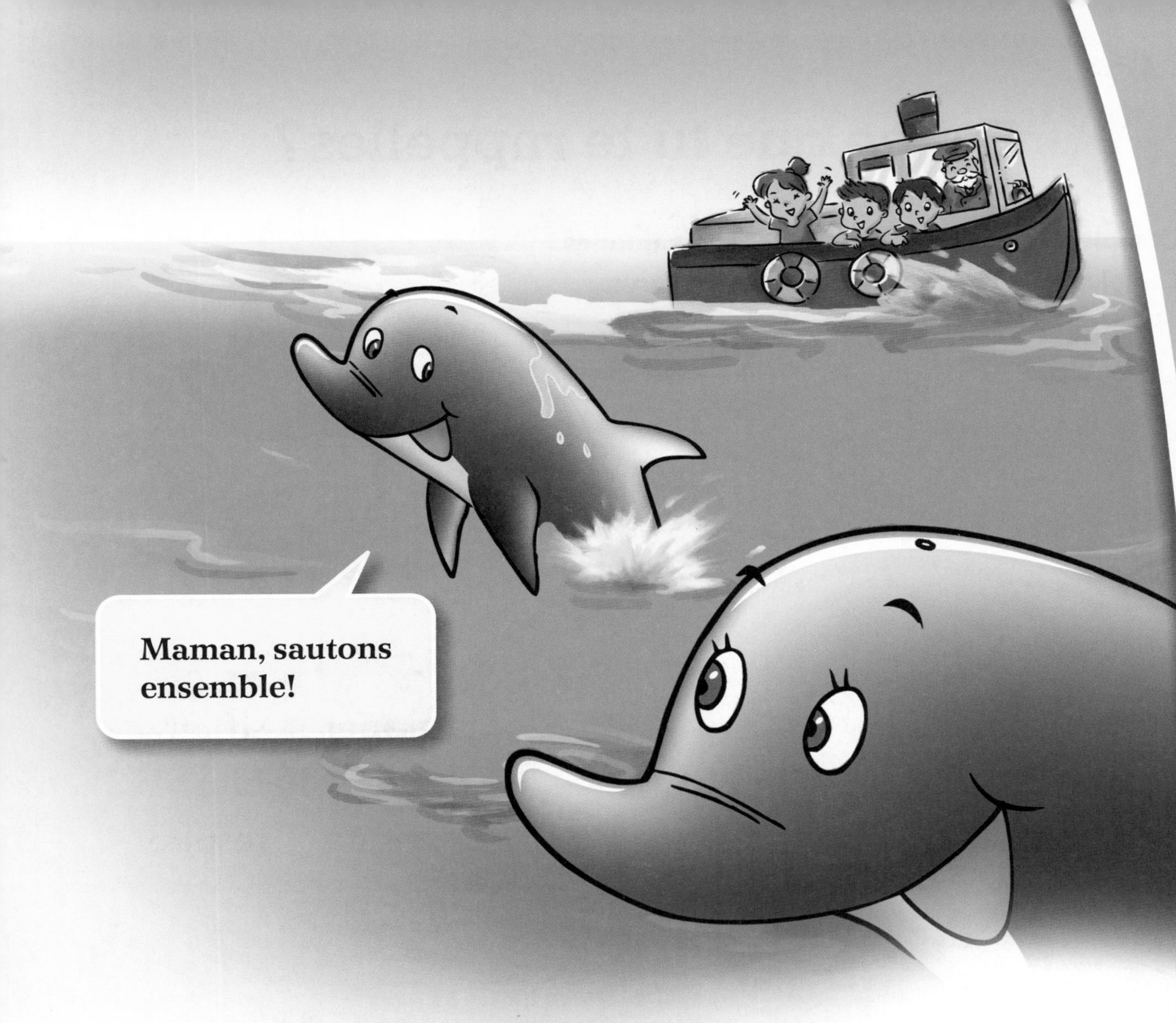

Maman, sautons ensemble!

Quelquefois, nos amis spéciaux viennent nous visiter. Je montre à mes amis comment sauter.

Je mange toujours.
I always eat.

Nouveaux mots
New Words

maintenant : now
toujours : always
quelquefois : sometimes

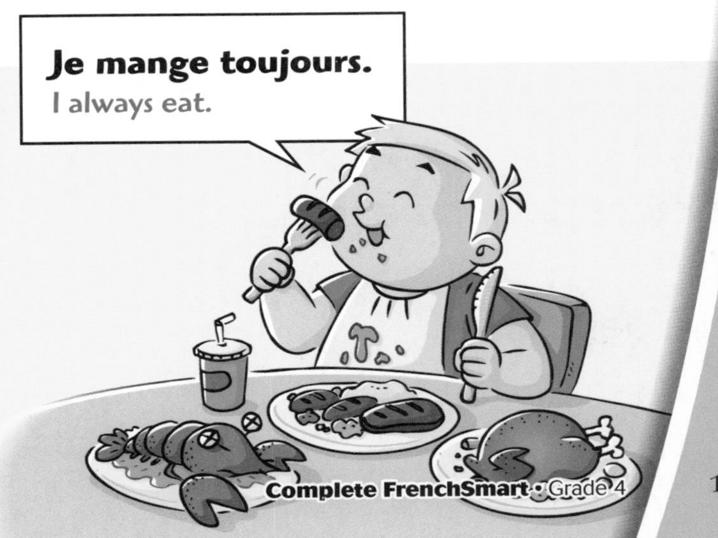

Est-ce que tu te rappelles?

Complète le paragraphe avec les mots donnés.
Complete the paragraph with the given words.

attraper siffler
tête habite
enseigne respire

J'aime bien ma vie de dauphin. J'1. __________ dans la mer avec mes parents. Je 2. __________ par le trou sur ma 3. __________. Ma mère me montre comment 4. __________ des poissons. Mon père m' 5. __________ comment 6. __________ et faire des clics.

Mots cachés

Encercle les mots dans les mots cachés.

Circle the words in the word search.

w	m	u	l	d	e	f	j	l	s	d	m	k	o
c	b	t	r	o	u	t	m	b	e	m	o	e	j
h	r	i	d	h	t	w	f	i	c	a	n	v	r
a	l	d	a	u	p	h	i	n	l	t	e	n	d
s	e	e	t	v	o	d	x	q	s	t	o	t	s
s	i	c	m	b	i	h	k	e	e	r	s	h	i
e	t	g	w	a	s	e	t	g	y	a	m	r	f
r	q	k	d	t	s	f	e	s	m	p	u	w	f
b	w	z	r	q	o	u	o	l	n	e	g	o	l
a	p	p	r	e	n	d	r	e	d	r	q	a	e
a	x	i	o	y	k	n	b	b	u	c	c	m	r

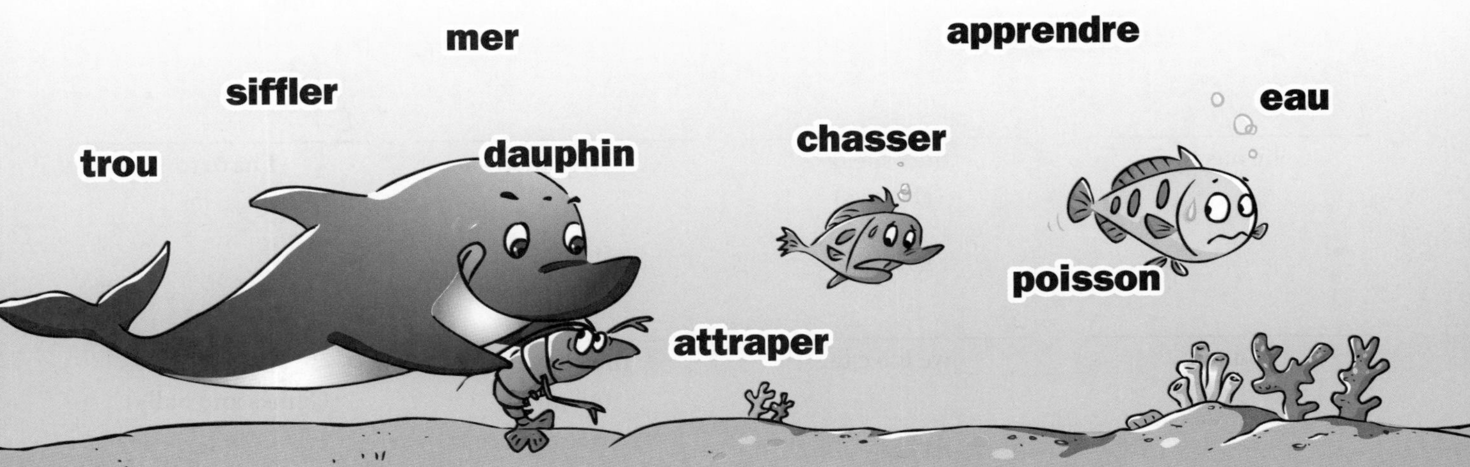

Conjuguons ensemble

Complète les conjugaisons. Ensuite remplis les espaces avec la bonne conjugaison en utilisant « parler » ou « devoir ».

Complete the conjugations. Then fill in the blanks with the correct conjugation using "to speak, to talk" or "to have to".

Parler

to speak, to talk

Fill in the blanks with "e" or "es".

je	parl__
tu	parl____
il	parl__
elle	parl__
nous	parlons
vous	parlez
ils	parlent
elles	parlent

Devoir

to have to

Fill in the blanks with "ons", "ez", or "ent".

je	dois
tu	dois
il	doit
elle	doit
nous	dev______
vous	dev____
ils	doiv______
elles	doiv______

1. ______________ he has to

2. ______________ they speak (all boys)

3. ______________ she talks

4. ______________ I have to

5. ______________ you talk

6. ______________ we have to

7. ______________ they have to (all girls)

8. ______________ they talk (James and Sally)

Conjuguons ensemble

Remplis les espaces à l'aide du tableau sur la page de gauche.
Fill in the blanks with the help of the table on the left page.

1. Doudou ____________ avec sa mère.

2. Ils ____________ de leur vie dans la mer.

3. Doudou ____________ apprendre comment respirer et faire des clics.

4. Doudou dit : « Nous ____________ respirer par un trou sur la tête. »

5. Doudou explique : « Mes parents et moi, nous ____________ aux autres dauphins dans la mer. »

6. Doudou dit : « Je ____________ apprendre comment parler notre propre langue. »

7. Est-ce qu'il ____________ à ses amis spéciaux?

Résumé de l'histoire

Forme les phrases pour compléter le résumé de l'histoire.
Form the sentences to complete the summary of the story.

1

avec la mer
dans ma famille
habite **J'**

2

le trou **Je**
respire sur
ma tête par

3

Je très en
peux sauter
haut l'air

4

comment t'
parler enseigne
Ton père

1. ______________________________

____

2. ______________________________

3. ______________________________

4

Tembo le bébé éléphant

Personnages

Mère

Tembo

Ollie

3

Salut mes amis! Je m'appelle Tembo et je suis un tout petit bébé éléphant. J'habite en **Afrique** avec ma mère, mes **sœurs** et mes **tantes**. J'aime beaucoup ma famille.

1. **Où est-ce que Tembo et sa famille habitent?**
2. **Est-ce que Tembo est petit ou grand maintenant?**

Tu es tout petit maintenant, mais un jour quand tu grandis tu seras très grand.
Vraiment, Maman?
Elle est ma sœur.
She is my sister.

Nouveaux mots
New Words

l'Afrique : Africa
la sœur : sister
la tante : aunt

3

J'adore manger de l'herbe, des plantes, des feuilles et des racines, mais pas de viande. Je peux manger plus de 200 kilogrammes de nourriture **chaque** jour.

Réponses courtes

1. **Est-ce que Tembo mange de la viande?**
2. **Pourquoi est-ce que les éléphants marchent toute la journée?**

Nous mangeons beaucoup de nourriture **parce que** nous avons besoin de notre énergie. Nous marchons toute la journée et nous cherchons de la nourriture partout.

J'ai acheté ces choses parce qu'elles coûtent qu'un cent chacune.
I bought these things because they each cost one cent.

Prononciation
Pronunciation

Le son [k]

chaque	*parce que*
each	because

3

Ollie l'**oiseau** est mon meilleur ami. Ollie est un **pique-bœuf**. Il est toujours avec moi et j'aime **beaucoup** sa compagnie.

Réponses courtes

1. **Est-ce que Ollie est un éléphant comme Tembo?**
2. **Qu'est-ce que Ollie fait pour chatouiller Tembo?**

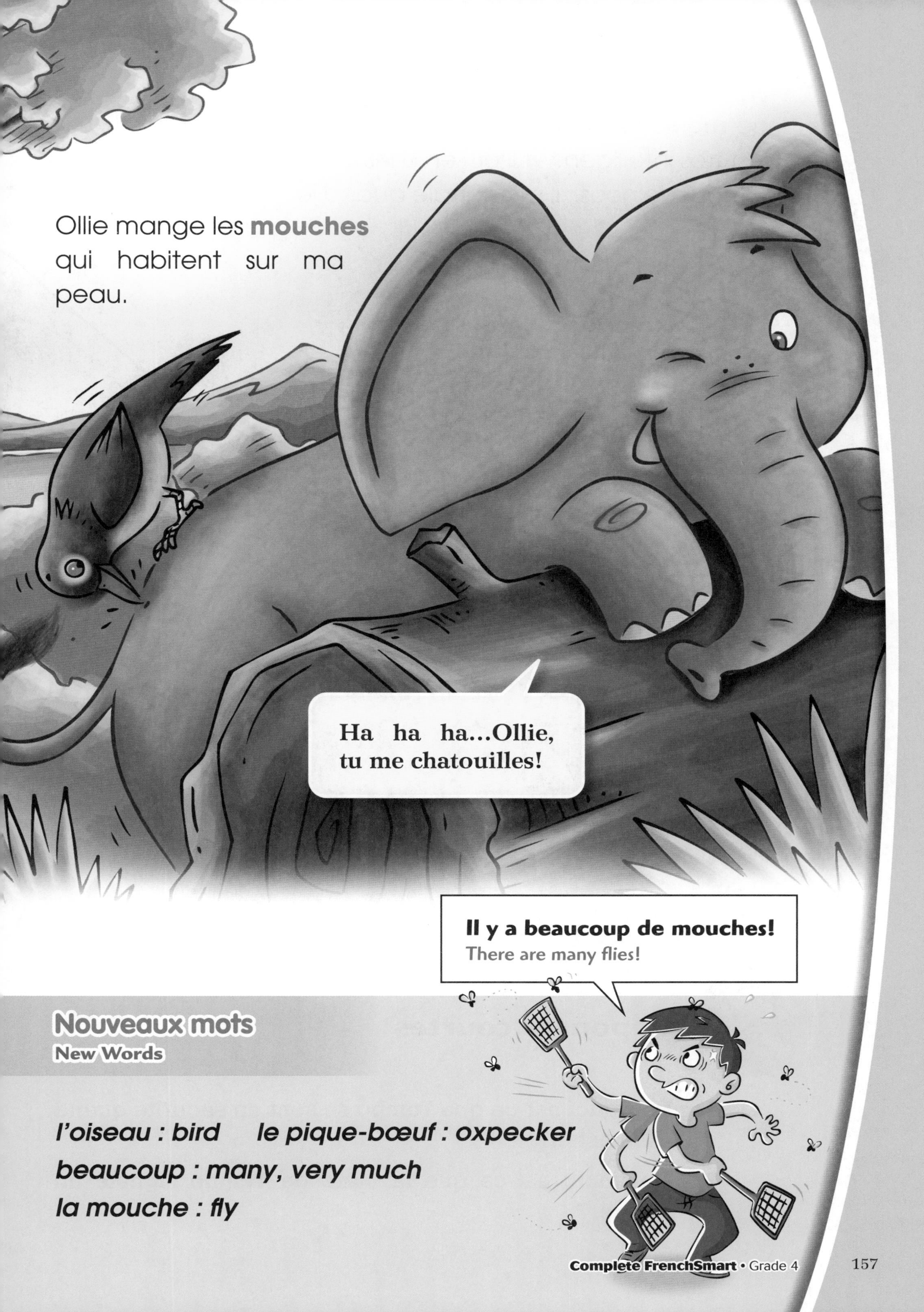

Ollie mange les **mouches** qui habitent sur ma peau.
Ha ha ha...Ollie, tu me chatouilles!
Il y a beaucoup de mouches!
There are many flies!

Nouveaux mots
New Words

l'oiseau : bird　　*le pique-bœuf : oxpecker*
beaucoup : many, very much
la mouche : fly

Je **me sens en sécurité** quand Ollie est avec moi. Il est très intelligent et il observe les animaux dangereux autour de nous. Il me signale quand je suis en danger.

3

Attention! Je vois un alligator qui s'approche de nous.

Réponses courtes

1. **Pourquoi est-ce que Tembo se sent en sécurité quand Ollie est là?**
2. **Comment est-ce que la mère de Tembo signale un danger?**

Ma mère aussi me signale quand il y a un danger. Elle fait beaucoup de bruit avec sa trompe. C'est elle qui décide où nous allons, quand nous nous arrêtons et quand nous continuons.

Nouvelles expressions
New Expressions

se sentir en sécurité : to feel safe

Attention! : Watch out!

J'adore **chercher** de l'eau avec Maman. Elle utilise ses défenses pour **creuser** la terre et chercher de l'eau. Ollie vient toujours avec nous. Il nous aide à chercher aussi.

3

Réponses courtes

1. **Pourquoi est-ce que la mère de Tembo creuse la terre?**
2. **Est-ce que Tembo aime nager?**

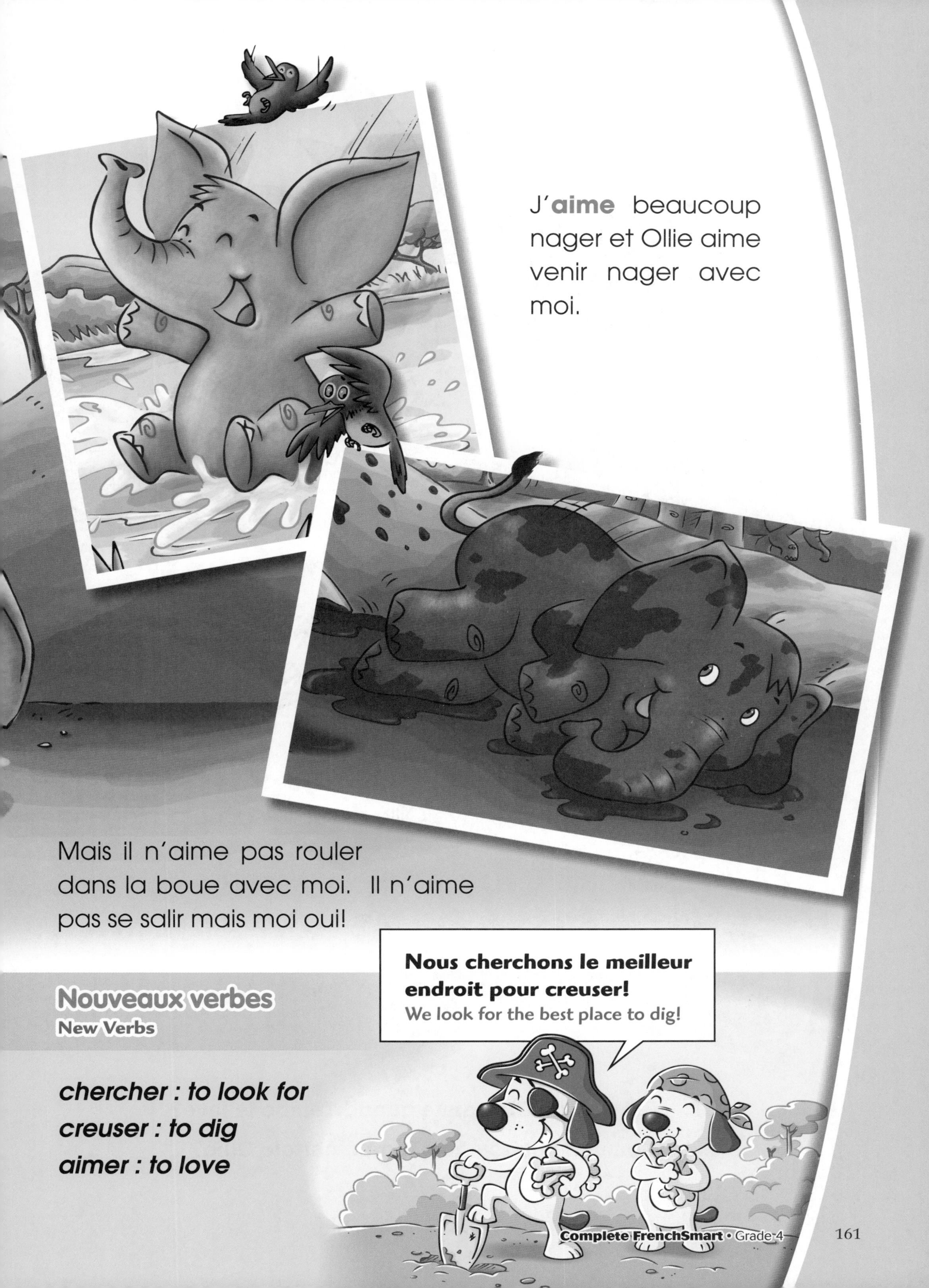

J'**aime** beaucoup nager et Ollie aime venir nager avec moi.

Mais il n'aime pas rouler dans la boue avec moi. Il n'aime pas se salir mais moi oui!

Nous cherchons le meilleur endroit pour creuser!
We look for the best place to dig!

Nouveaux verbes
New Verbs

chercher : to look for
creuser : to dig
aimer : to love

3

Ahhh!

Quand je me **lave**, je lave Ollie aussi! Il n'aime pas quand je le lave.

Réponses courtes

1. **Est-ce que Ollie aime quand Tembo le lave?**
2. **Comment est-ce que Tembo nettoie Ollie?**

J'**utilise** ma trompe pour **nettoyer** Ollie. Ah, comme c'est amusant d'être éléphant!

Je me lave les cheveux.
I wash my hair.

Nouveaux verbes
New Verbs

laver : to wash
utiliser : to use
nettoyer : to clean

Est-ce que tu te rappelles?

Remplis les espaces avec les mots donnés.
Fill in the blanks with the given words.

aime marchons
allons trompe
chercher

1. Ollie est toujours avec moi et j' ____________ sa compagnie.

2. Nous ____________ toute la journée.

3. Je fais du bruit avec ma ____________ .

4. Ma mère décide où nous ____________ .

5. Tembo adore ____________ de l'eau avec sa maman.

Rimons ensemble

Utilise les mots donnés pour compléter le poème.
Use the given words to complete the poem.

Tembo est un petit ______________ ,

Son meilleur ami Ollie est ______________ .

Il aime bien manger,

______________ dans la boue et ______________ .

Être un bébé éléphant,

C'est vraiment ______________ !

Conjuguons ensemble

Complète les conjugaisons. Ensuite remplis les espaces avec la bonne conjugaison en utilisant « aimer » ou « marcher ».

Complete the conjugations. Then fill in the blanks with the correct conjugation using "to love" or "to walk".

Aimer
to love

Fill in the blanks with "e", "es", "ons", or "ez".

j'	aim__
tu	aim____
il	aime
elle	aime
nous	aim______
vous	aim____
ils	aiment
elles	aiment

Marcher
to walk

Fill in the blanks with "e", "ons", "ez", or "ent".

je	marche
tu	marches
il	march__
elle	march__
nous	march______
vous	march____
ils	march______
elles	march______

1. ____________ they walk (all girls)
2. ____________ we love
3. ____________ he walks
4. ____________ I walk
5. ____________ they love (David and Peter)
6. ____________ she loves
7. ____________ you walk (you and Katie)
8. ____________ you love

Conjuguons ensemble

Remplis les espaces à l'aide du tableau sur la page de gauche.
Fill in the blanks with the help of the table on the left page.

1. Tembo ______________ beaucoup sa famille.
2. Sa famille ______________ toute la journée.
3. Ollie l'oiseau n'______________ pas rouler dans la boue.
4. La mère de Tembo décide où ils ______________ .
5. Tembo dit : « Nous ______________ pour chercher de la nourriture. »
6. Tembo et sa mère ______________ manger de l'herbe.
7. Tembo et Ollie sont des amis et ils

   s'______________ .

Résumé de l'histoire

Forme les phrases pour compléter le résumé de l'histoire.
Form the sentences to complete the summary of the story.

L'histoire de Tembo

1. Tembo ______________

   ____

2. ____

   ____

3. ____

   ____

4. ____

   ____

Ollie Tembo
meilleur est
ami le de

Ollie et ma mère
Je avec me
sens en sécurité

nettoyer ma
Ollie pour
J'utilise trompe

Histoire 4

Khloé le bébé koala

Personnages

Khloé

Mère

Réponses courtes

1. Est-ce que Khloé est un éléphant?
2. Est-ce que Khloé habite dans un arbre?

Bonjour, je m'appelle Khloé et je suis un bébé koala. J'habite dans un **arbre** avec ma mère.

Ma mère me dit que j'étais **aveugle** et que je n'avais pas de **fourrure** quand je suis née.

Regarde ma belle fourrure.
Look at my beautiful fur.

Nouveaux mots
New Words

un ange : angel *un arbre : tree*
aveugle : blind *la fourrure : fur*

4

Ma mère mange les feuilles délicieuses de l'eucalyptus. C'est notre arbre préféré. Après elle **s'endort**. Aujourd'hui je ne veux pas manger. Je veux **descendre** de l'arbre.

Réponses courtes

1. **Qu'est-ce que la mère de Khloé fait après qu'elle mange les feuilles?**
2. **Qu'est-ce que Khloé veut faire aujourd'hui?**

Je ne peux pas descendre! J'ai peur de tomber!
Quand est-ce que je vais pouvoir descendre?
N'aie pas peur. Descendons l'échelle.
Don't be scared. Let's go down the ladder.

Nouveaux verbes
New Verbs

s'endormir : to fall asleep
descendre : to go down
tomber : to fall

« Khloé, aujourd'hui nous allons descendre et explorer les alentours », ma mère me dit.

4

Youpi!!!

Je suis **tellement** enthousiaste! Je saute sur son dos et elle descend de l'arbre. Elle saute très rapidement.

Réponses courtes

1. **Qu'est-ce que Khloé et sa mère vont faire?**
2. **Est-ce que Khloé aime ce qu'elle voit en bas de l'arbre?**

Nous sommes **finalement en bas** et hors du danger.

C'est tellement différent ici.

Tu me manques tellement, Coco!
I miss you so much, Coco!
CHIEN PERDU

Nouvelles expressions
New Expressions

tellement : so much, very
finalement : finally
en bas : below, down

WOUF!
WOUF!
Qu'est-ce que c'est bruit?
J'ai peur, Maman!

4

Réponses courtes

1. Qui fait le bruit « wouf wouf »?
2. Est-ce que les chiens sont dangereux pour Khloé et sa mère?

C'est un chien, Khloé.
Nous devons courir!

Je suis **tellement** effrayée. Ma **mère** me tire par la main et me crie de courir! Je cours le plus rapidement possible.

J'aime tellement ma mère!
I love my mother so much!

Prononciation
Pronunciation

Le son [eh]

t<u>e</u>llement — so much, very

m<u>è</u>re — mother

Nous **courons** à notre arbre et nous y **montons** vite.
Comme c'est effrayant, Maman! Je ne veux pas descendre au sol.
4

Réponses courtes

1. **Pourquoi est-ce que Khloé et sa maman montent dans l'arbre?**
2. **Comment est-ce que Khloé monte dans l'arbre?**

Je ne suis pas assez forte pour monter dans l'arbre toute seule. Je dois m'**accrocher** à ma mère pour monter.

Tu es sauvée maintenant mon petit ange.

Nouveaux verbes
New Verbs

Je cours plus vite que vous!
I run faster than you!
3
5
10

courir : to run

monter : to go up

s'accrocher : to hang on to

4

Nous sommes si contentes d'être de retour à notre arbre. Nous mangeons les feuilles **délicieuses** d'eucalyptus pour célébrer.

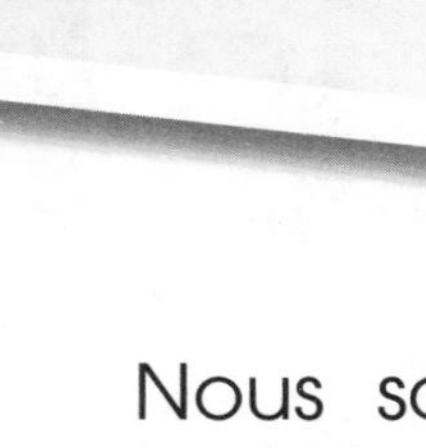

Réponses courtes

1. **Où sont les koalas maintenant?**
2. **Est-ce qu'elles aiment plus manger ou dormir?**

Maintenant que nous sommes **pleines**, il est temps de dormir. Ma mère et moi, nous nous couchons dans l'arbre. Nous aimons bien manger mais nous aimons dormir beaucoup **plus**.

Nouveaux mots
New Words

Je veux plus de nourriture!
I want more food!

délicieuse : delicious

plein(e) : full

plus : more

Est-ce que tu te rappelles?

Utilise les indices pour compléter les mots de l'histoire. Ensuite remplis les espaces.
Use the clues to complete the words from the story. Then fill in the blanks.

Khloé et sa mère 1. ____________ dans les arbres. Elles 2. ____________ des feuilles d'eucalyptus. Elles aiment 3. ____________ et rester toute la journée. Elles doivent 4. ____________ dans l'arbre quand il y a du danger. Khloé a peur de 5. ____________ de l'arbre donc elle doit s'attacher à sa mère.

À l'écrit

Complète les mots. Ensuite écris ce que les koalas peuvent faire.

Complete the words. Then write what the koalas can do.

1. Je dois ______________ quand il y a du danger.

2. Je dois m'______________ à ma mère pour monter.

3. Nous aimons ______________ plus que manger.

4. J'aime ______________ des feuilles.

5

Je peux ______________ sur le dos de ma mère.

Conjuguons ensemble

Complète les conjugaisons. Ensuite remplis les espaces avec la bonne conjugaison en utilisant « être » ou « avoir ».

Complete the conjugations. Then fill in the blanks with the correct conjugation using "to be" or "to have".

Être
to be

Fill in the blanks with "suis", "es", or "sommes".

je	_____
tu	___
il	est
elle	est
nous	________
vous	êtes
ils	sont
elles	sont

Avoir
to have

Fill in the blanks with "ai", "avons", or "ont".

j'	___
tu	as
il	a
elle	a
nous	_______
vous	avez
ils	____
elles	____

1. ____________ he has

2. ____________ they are (all girls)

3. ____________ I have

4. ____________ we have

5. ____________ you are (you and Peter)

6. ____________ they have (all boys)

7. ____________ he is

Conjuguons ensemble

Remplis les espaces à l'aide du tableau sur la page de gauche.
Fill in the blanks with the help of the table on the left page.

1. Khloé et sa mère ____________ peur des chiens.

2. Les chiens ____________ dangereux pour les koalas.

3. Khloé ____________ peur de tomber de l'arbre.

4. Sa mère lui dit : « Tu n'avais pas de fourrure quand tu ____________ née. »

5. Quand Khloé et sa mère ____________ pleines, elles dorment.

6. Khloé ____________ un koala très enthousiaste.

7. Ma mère et moi, nous ____________ des koalas.

Résumé de l'histoire

Complète les phrases avec les mots donnés. Ensuite mets les phrases en ordre pour résumer l'histoire.

Complete the sentences with the given words. Then put the sentences in order to summarize the story.

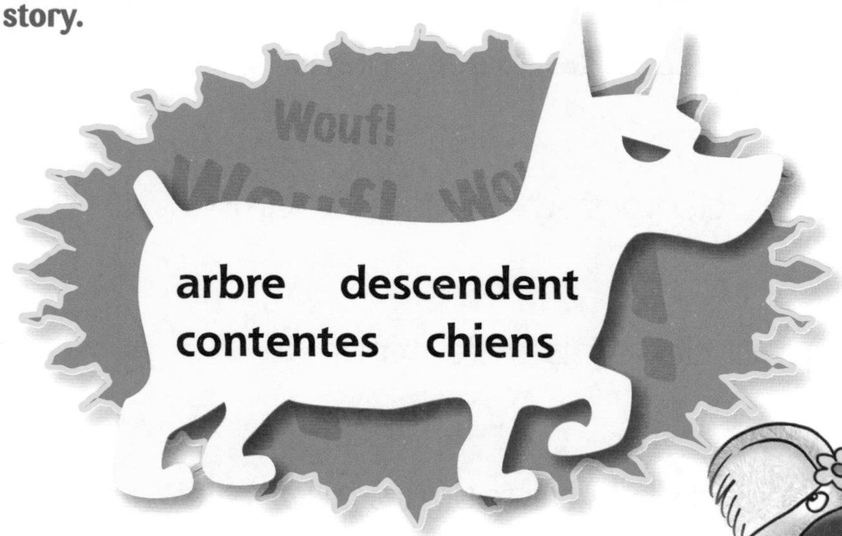

Wouf! Wouf! Wo

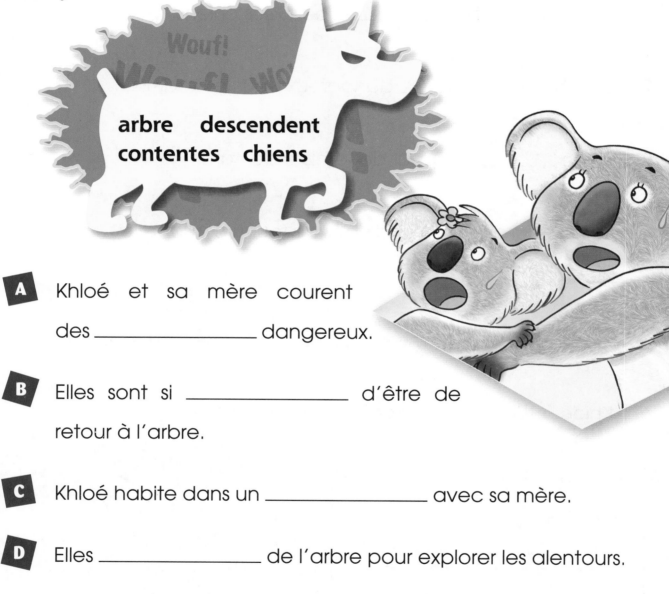

arbre descendent contentes chiens

A Khloé et sa mère courent des ______________ dangereux.

B Elles sont si ______________ d'être de retour à l'arbre.

C Khloé habite dans un ______________ avec sa mère.

D Elles ______________ de l'arbre pour explorer les alentours.

L'histoire de Khloé

Histoire 5

Gisèle le bébé girafe

Personnages

Mère

Gisèle

Père

Salut! Je m'appelle Gisèle et je suis un bébé girafe. Ce sont mes parents! Je te présente mon papa et ma maman.
C'est notre gentille petite fille.

5

Réponses courtes

1. **Comment s'appelle le bébé girafe?**
2. **Qu'est-ce que la mère de Gisèle lui donne à manger?**

Ma mère est très **générеuse**. Elle me nourrit avec son lait. J'aime bien le lait mais je mange aussi des feuilles d'acacia. Ma mère passe beaucoup de temps à chercher la nourriture. Je **grignote** toute la journée!

Prononciation
Pronunciation

Je grignote tout le temps.
I nibble all the time.

Le son [r]

girafe	*généreuse*	*grignoter*
giraffe	generous	to nibble

5

Je **vis en troupeau** avec ma mère, ma tante, les autres mères et leurs bébés. Mon père vit seul.

Salut Gisèle!

Salut tante Lori!

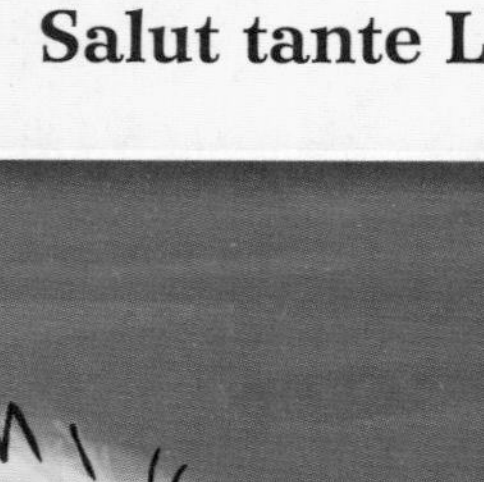

Réponses courtes

1. **Est-ce que Gisèle vit avec son père?**
2. **Avec qui est-ce que Gisèle joue?**

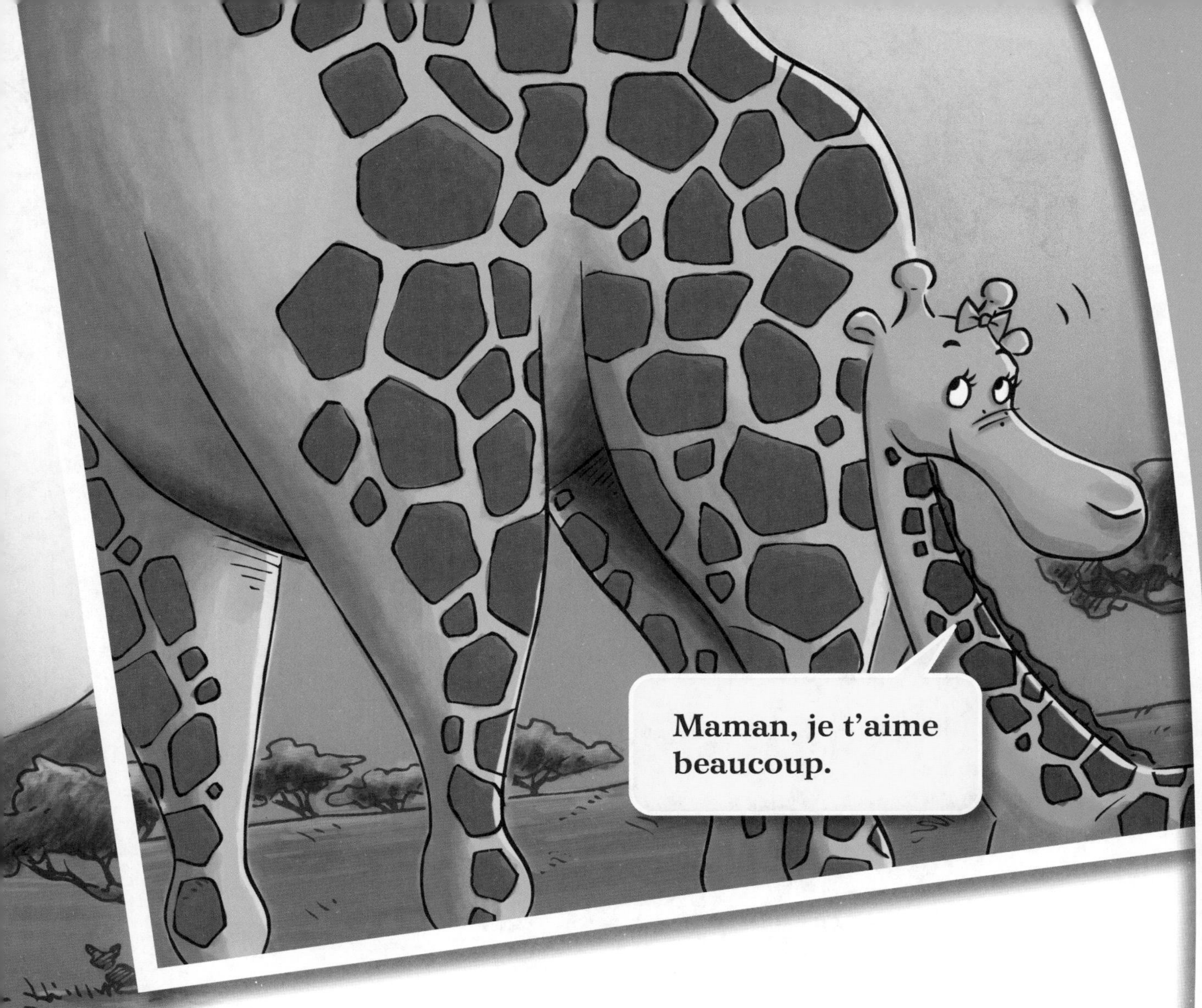

Maman, je t'aime beaucoup.

Ma mère et moi, nous **passons** beaucoup **de temps** ensemble. Je passe **la plupart de** mon **temps** avec elle. Je joue aussi avec les autres bébés girafes.

J'aime passer du temps avec ma petite sœur.
I love to spend time with my baby sister.

Nouvelles expressions
New Expressions

vivre en troupeau : to live in a herd
passer du temps : to spend time
la plupart du temps : most of the time

5

Même si je suis très grande, je ne peux pas tout **atteindre**, pas toujours. Parfois, les oiseaux **se fâchent** avec moi!

Réponses courtes

1. **Est-ce que Gisèle peut atteindre les oiseaux?**
2. **Qu'est-ce que la mère de Gisèle peut atteindre?**

Parfois, ma sœur se fâche avec moi.
Sometimes, my sister gets angry with me.

Ma mère est très grande. Elle peut tout atteindre. Elle peut même atteindre les feuilles au sommet des arbres.

Nouveaux verbes
New Verbs

atteindre : to reach

se fâcher (avec) : to get angry (with)

Les girafes ne mangent pas d'autres animaux mais il y a quelques animaux qui mangent des girafes.
5
Fais attention Gisèle!

Réponses courtes

1. **Est-ce que les girafes mangent des animaux?**
2. **Est-ce que Gisèle doit faire attention aux autres animaux?**

Maman me dit de faire attention aux **lions** et aux **léopards**. Les **hyènes** peuvent nous attaquer aussi!

les lions

les léopards

les hyènes

Je suis un léopard. Quel animal es-tu?
I am a leopard. What animal are you?

Je suis une lionne.
I am a lioness.

Nouveaux mots
New Words

un lion : lion *une lionne : lioness*

un léopard : leopard

une hyène : hyena

5

Oh non!

Un jour, un lion très effrayant vient près de notre troupeau. Qu'est-ce que nous faisons? Nous nous réunissons. Tous ensemble, nous confondons le lion. Il pense que nous sommes un mur tacheté de jaune. C'est comme ça que nous **nous protégeons**!

Réponses courtes

1. **Comment est-ce que les girafes se protègent?**
2. **Qu'est-ce qui confond le lion?**

Ensuite nous chassons le lion. Voilà ce que nous faisons quand les lions **essayent** de **s'approcher** de nous. Ensemble nous sommes une grande force.

Regardez-moi. C'est comme ça que je me protège.
Look at me. This is how I protect myself.

Nouveaux verbes
New Verbs

se protéger : to protect
essayer : to try
s'approcher : to approach

5

Maman, merci de m'avoir enseigné **beaucoup de** choses. Je t'aime pour toujours!

Réponses courtes

1. Est-ce que Gisèle va toujours aimer sa mère?
2. Qu'est-ce que Gisèle va faire quand elle grandit?

Bientôt, je vais grandir et je vais pouvoir contribuer au troupeau. Je vais avoir des enfants **comme** ma mère.

Nouvelles expressions
New Expressions

beaucoup de : lots of

bientôt : soon

comme : like, as

Bientôt, je vais avoir beaucoup de bonbons.
Soon, I will have lots of candies.

Est-ce que tu te rappelles?

Complète les phrases avec les mots donnés.
Complete the sentences with the given words.

nourriture **troupeau** **lait**
passe **temps** **faire attention**

1. J'aime bien le _______________ et manger des feuilles d'acacia.

2. Je vis en _______________ avec ma famille.

3. Ma mère _______________ beaucoup de temps à chercher la _______________ .

4. Ma mère me dit de _______________ aux lions, aux léopards et aux hyènes.

5. Je passe beaucoup de _______________ avec ma famille.

Lettres brouillées

Crée des mots des lettres brouillées. Ensuite remplis les espaces pour compléter les phrases.

Unscramble the letters. Then fill in the blanks to complete the sentences.

agrnde ____________

iurerrnout ____________

èsenyh ____________

erdtatien ____________

mauxani ____________

1. Gisèle est trés ____________ .
2. Les girafes doivent faire attention aux ____________ .
3. La mère de Gisèle passe beaucoup de temps à chercher la ____________ .
4. Même si je suis très grande, je ne peux pas tout ____________ .
5. Les girafes ne mangent pas d'autres ____________ .

Conjuguons ensemble

Complète les conjugaisons. Ensuite remplis les espaces avec la bonne conjugaison en utilisant « faire » ou « s'appeler ».

Complete the conjugations. Then fill in the blanks with the correct conjugation using "to make, to do" or "to be named, to be called".

Faire

to make, to do

Fill in the blanks with "s", "t", "ons", or "ont".

je	fai__
tu	fai__
il	fai__
elle	fai__
nous	fais______
vous	faites
ils	f______
elles	f______

S'appeler

to be named, to be called

Fill in the blanks with "e", "es", "ons", "ez", or "ent".

je	**m'**appel**l**__
tu	**t'**appel**l**____
il	**s'**appel**l**__
elle	**s'**appel**l**__
nous	**nous** appel______
vous	**vous** appel____
ils	**s'**appel**l**______
elles	**s'**appel**l**______

1. ____________________
she makes

2. ____________________
they are called
(Pierre and Lucy)

3. ____________________
you are named

4. ____________________
you make
(you and Sophie)

5. ____________________
we are called

6. ____________________
they do
(Sam and Michael)

Conjuguons ensemble

Remplis les espaces à l'aide du tableau sur la page de gauche.
Fill in the blanks with the help of the table on the left page.

1. Le bébé girafe dans cette histoire s'____________ Gisèle!

2. La mère de Gisèle dit : « ____________ attention! »

3. Tous les girafes ____________ tout pour se protéger.

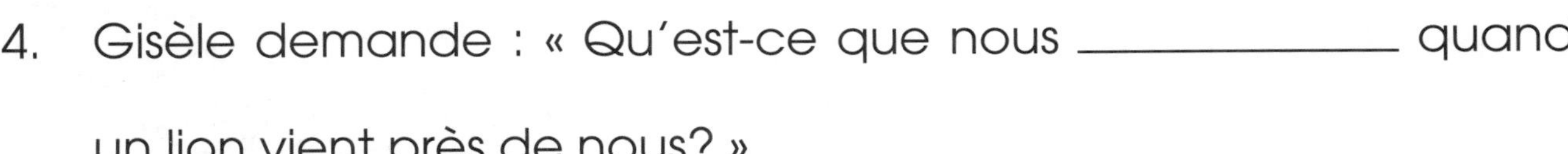

4. Gisèle demande : « Qu'est-ce que nous ____________ quand un lion vient près de nous? »

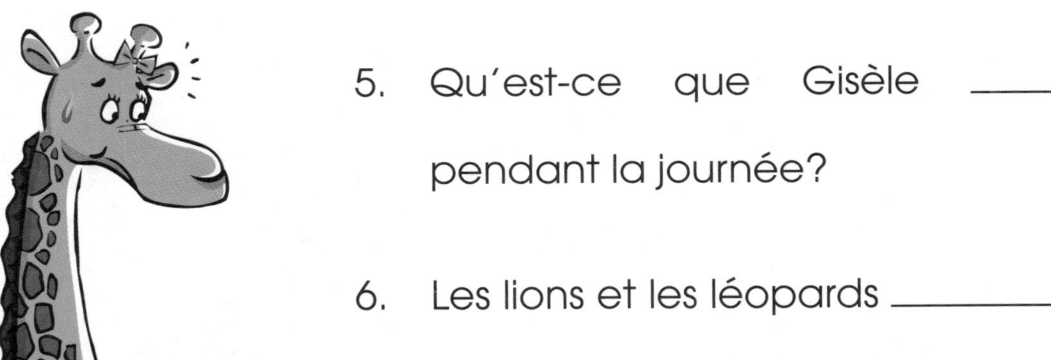

5. Qu'est-ce que Gisèle ____________ pendant la journée?

6. Les lions et les léopards ____________ des bruits effrayants.

Résumé de l'histoire

Complète les phrases avec les mots donnés. Ensuite mets les phrases en ordre pour résumer l'histoire.

Complete the sentences with the given words. Then put the sentences in order to summarize the story.

troupeau bébé avoir plupart

A. Elle habite avec sa famille en ______________ .

B. Un jour, Gisèle veut ______________ des enfants comme sa mère.

C. Gisèle est un ______________ girafe qui aime ses parents.

D. Elle passe la ______________ de son temps avec sa mère.

L'histoire de Gisèle

______ , ______ , ______ , ______

Amusez-vous avec les dialogues

Have Fun with Dialogues

1. Make your conjugation book.

   a. Cut out pages 209 to 212.

   b. Cut along the dotted lines to make six spread pages.

   c. Fold the spread pages and put them in order.

   d. Staple them.

2. Complete the dialogues on page 207 by filling in the correct verbs with the help of the conjugation book.

3. Cut out the dialogues and paste them in the boxes to see what the children and the animals are saying.

La danse avec
Nick Moreau
Dancing with Nick Moreau
B

J'______ le danseur.
to reach

Tu ______ les nouilles et je ______ les légumes.
to eat / to eat

Ils ______ ensemble joyeusement.
to dance

Je ______ Nick Moreau. J'______ au Canada et j'______ la danse.
to be named / to live / to learn

Vous ______ mon animal préféré.
to be

Tu ______ fatigué. Tu ______.
to be / to fall asleep

M. Moreau ______ danser. J'______ son costume.
to be able to / to love

Nous ______. Ne nous ______ pas!
to run / to chase

descendre
to go down

je	descends
tu	descends
il	descend
elle	descend
nous	descendons
vous	descendez
ils	descendent
elles	descendent

21

avoir
to have

j'	ai
tu	as
il	a
elle	a
nous	avons
vous	avez
ils	ont
elles	ont

2

	apprendre to learn	**atteindre** to reach
j'	apprends	atteins
tu	apprends	atteins
il	apprend	atteint
elle	apprend	atteint
nous	apprenons	atteignons
vous	apprenez	atteignez
ils	apprennent	atteignent
elles	apprennent	atteignent

19

4

	être to be	**faire** to do
je	suis	fais
tu	es	fais
il	est	fait
elle	est	fait
nous	sommes	faisons
vous	êtes	faites
ils	sont	font
elles	sont	font

1

Elle descend.

22

	aimer to love	**habiter** to live
j'	aime	habite
tu	aimes	habites
il	aime	habite
elle	aime	habite
nous	aimons	habitons
vous	aimez	habitez
ils	aiment	habitent
elles	aiment	habitent

3

	s'endormir to fall asleep
je	m'endors
tu	t'endors
il	s'endort
elle	s'endort
nous	nous endormons
vous	vous endormez
ils	s'endorment
elles	s'endorment

20

	sauter to jump	**chasser** to chase
je	saute	chasse
tu	sautes	chasses
il	saute	chasse
elle	saute	chasse
nous	sautons	chassons
vous	sautez	chassez
ils	sautent	chassent
elles	sautent	chassent

5

Il peut nager.

18

	pouvoir to be able to	**devoir** to have to
je	peux	dois
tu	peux	dois
il	peut	doit
elle	peut	doit
nous	pouvons	devons
vous	pouvez	devez
ils	peuvent	doivent
elles	peuvent	doivent

porter to wear	**parler** to talk
porte	parle
portes	parles
porte	parle
porte	parle
portons	parlons
portez	parlez
portent	parlent
portent	parlent

	sentir to feel, to smell	**courir** to run
je	sens	cours
tu	sens	cours
il	sent	court
elle	sent	court
nous	sentons	courons
vous	sentez	courez
ils	sentent	courent
elles	sentent	courent

Nous mangeons la crème glacée.

	trouver to find	**jouer** to play
je	trouve	joue
tu	trouves	joues
il	trouve	joue
elle	trouve	joue
nous	trouvons	jouons
vous	trouvez	jouez
ils	trouvent	jouent
elles	trouvent	jouent

s'appeler to be named
m'appelle
t'appelles
s'appelle
s'appelle
nous appelons
vous appelez
s'appellent
s'appellent

Elle s'appelle Émilie!

	chercher to look for	**manger** to eat
je	cherche	mange
tu	cherches	manges
il	cherche	mange
elle	cherche	mange
nous	cherchons	mangeons
vous	cherchez	mangez
ils	cherchent	mangent
elles	cherchent	mangent

7

grandir to grow
grandis
grandis
grandit
grandit
grandissons
grandissez
grandissent
grandissent

Vous grandissez rapidement.

16

	se protéger to protect
je	me protège
tu	te protèges
il	se protège
elle	se protège
nous	nous protégeons
vous	vous protégez
ils	se protègent
elles	se protègent

9

danser to dance	**monter** to go up
danse	monte
danses	montes
danse	monte
danse	monte
dansons	montons
dansez	montez
dansent	montent
dansent	montent

14

	aller to go	**nager** to swim
je	vais	nage
tu	vas	nages
il	va	nage
elle	va	nage
nous	allons	nageons
vous	allez	nagez
ils	vont	nagent
elles	vont	nagent

11

tomber to fall	**laver** to wash
tombe	lave
tombes	laves
tombe	lave
tombe	lave
tombons	lavons
tombez	lavez
tombent	lavent
tombent	lavent

12

1 Les objets de classe
School Supplies

A. 1. m 2. f
3. m 4. m
5. m 6. f
7. m 8. f
9. f 10. f
11. m ; m ; m

B. 1. le tableau noir
2. le crayon
3. le pupitre
4. la chaise
5. le bureau
6. le tapis
7. la règle
8. le livre

C.

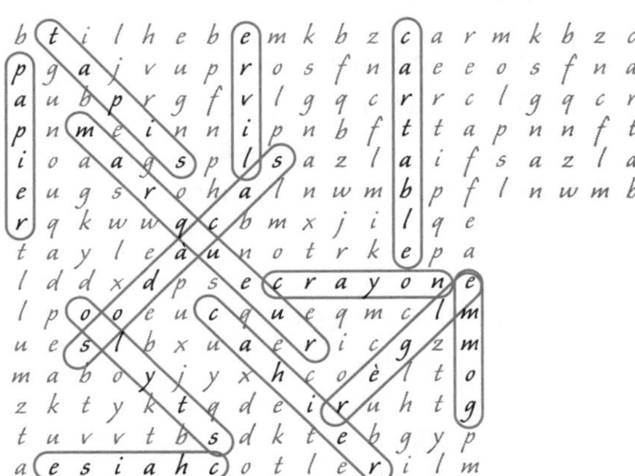

sac à dos ; livre ; crayon ; marqueur ; cahier ; règle ; cartable ; stylo ; chaise ; papier ; tapis ; gomme

D. des stylos ; des tableaux ; les pupitres ; les chaises ; des tapis ; les livres ; des bureaux ; des règles ; les crayons

E. 1a. cartable
b. cartables
2a. C'est un pupitre.
b. Ce sont des pupitres.
3a. C'est une chaise.
b. Ce sont des chaises.
4a. C'est une gomme.
b. Ce sont des gommes.
5a. C'est une règle.
b. Ce sont des règles.

2 À l'école
At School

B. 1. la directrice
2. la secrétaire
3. l'étudiant
4. le professeur
5. le concierge

C. 1. C ; la bibliothèque
2. B ; la cafétéria
3. D ; la salle de classe
4. A ; la cour d'école

D. 1. la bibliothèque
2. la classe de musique
3. Est-ce que je peux aller à la salle de classe?

3 La famille
Family

B. père ; mère
sœur ; frère
fille ; fils
bébé
animal domestique
grand-père
grand-mère
oncle ; cousine
cousin ; tante

C. 1. sœur 2. grand-mère
3. oncle 4. cousine
5. grand-père 6. tante
7. cousin 8. bébé

D. (Réponses individuelles)

E. frère
tante
grand-mère
cousin
l'oncle
fils
sœur
mot mystère : famille

F. 1. la ; tante
2. la ; grand-mère
3. Alice/Christie ; de
4. le ; cousin
5. la ; fille
6. la ; de

4 Les jours de la semaine
The Days of the Week

B. 1 lundi ; 4 jeudi ; 7 dimanche
5 vendredi ; 2 mardi
6 samedi ; 3 mercredi

C. 1. le calendrier
2. la date
3. une semaine
4. un jour
5. les jours de la semaine
lundi
mardi
mercredi
jeudi
vendredi
samedi
dimanche

D. les jours de la semaine
lundi
mardi
mercredi
jeudi
vendredi
la fin de semaine
samedi
dimanche

E. la semaine ; la fin de semaine

F. 1. DIMANCHE 2. LUNDI
3. MERCREDI 4. CALENDRIER
5. DATE 6. VENDREDI

G.1-7. je vais à

5 Les mois de l'année
The Months of the Year

B. (Réponses individuelles)

C. février ; juin ; octobre
novembre ; décembre
mars ; juillet ; avril
août ; septembre ; mai
janvier

D. 1. avril 2. décembre
3. octobre 4. septembre
5. juillet 6. mai

E.

janvier
février
mars
avril
mai
juin
juillet
août
septembre
octobre
novembre
décembre

F. 1. A: le samedi 17 août 2013
B: le lundi 10 juin 2013
C: le vendredi 5 juillet 2013
2. (Réponses individuelles)

6 Les nombres : de 1 à 15
Numbers: 1 to 15

B.

C. 1. quatorze 2. huit
3. treize 4. cinq
5. six 6. deux
7. quatre 8. trois
9. sept 10. neuf

D.

E. quatre
onze
six
quatorze
un
sept

F. 1. Il y a 2. Il y a
3. trois 4. six

G. 1. There are three pens.
2. There are six books.

7 Les nombres : de 16 à 30
Numbers: 16 to 30

B.

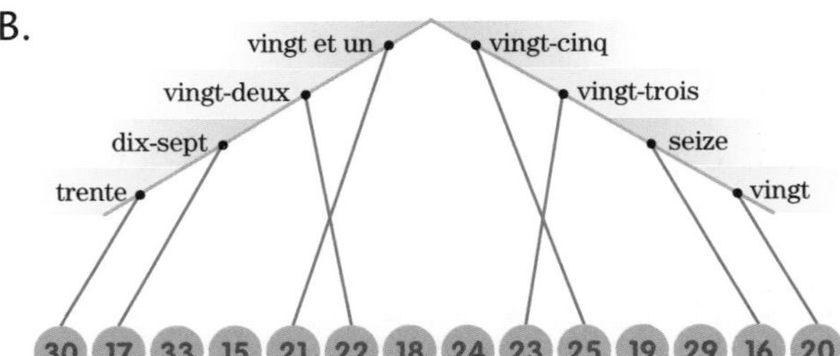

C. A: dix-neuf B: trente
C: douze D: trente
E: vingt-quatre F: vingt-sept
G: un H: seize

D. 1. 23 2. 18
3. 24 4. 21
5. 22 6. 20
7. 17 8. 26
9. 29 10. 28
11. 30 12. 25
13. 13 14. 27
15. 16 16. 19

E.

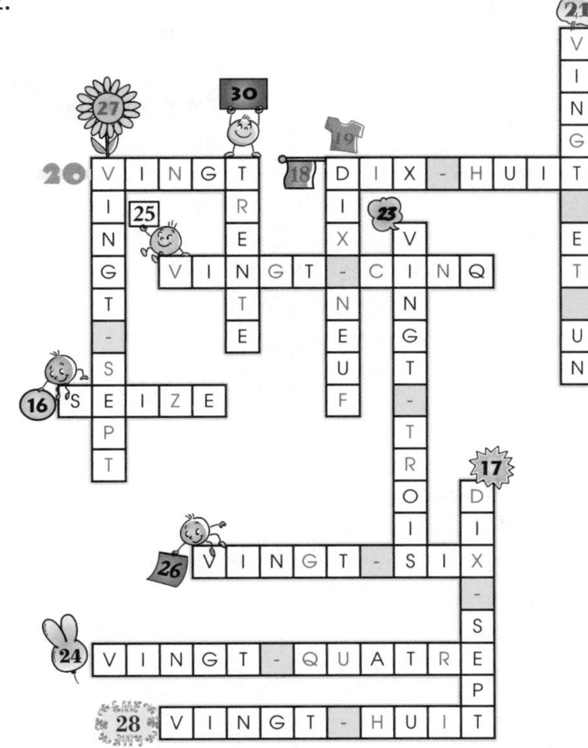

F. 1. Il y a vingt-quatre crayons.
2. Il y a seize marqueurs.
3. Combien de gommes y a-t-il?
4. Combien de cahiers y a-t-il?

8 L'heure et le temps du jour
The Hour and the Time of Day

B. 1. 2 h 45 2. 6 h 55
3. 4 h 27 4. 12 h 04
5. 11 h 17 6. 3 h 58
7. 6 h 45 8. 11 h 05
9. 6 h 15 10. 4 h 25

C. 1. 8 h 30 2. 10 h 15
3. 13 h 30 4. 15 h 45
5. 7 h 50 6. 12 h 07
7. 21 h 15 8. 11 h 25
9. 16 h 40 10. 13 h 45
11. 10 h 45 12. 18 h 55

E. 1. le soir 2. l'après-midi
3. le matin 4. l'après-midi
5. le matin 6. le soir

F.

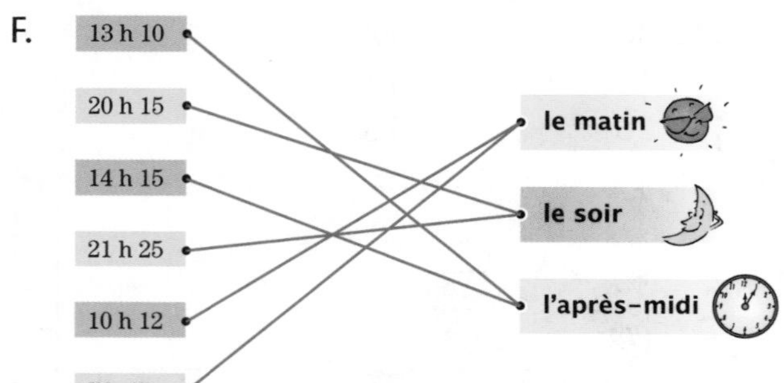

G. 1. A 2. C

H. 1. Il est 10 h 25 à Paris.
2. Il est 15 h à New York.
3. Il est 19 h 15 à Londres.
4. Il est 8 h 20 à Toronto.

La révision 1
Revision 1

A. 1. B 2. B
3. B 4. A
5. C 6. A
7. B 8. C
9. A 10. C
11. A 12. A
13. C 14. C
15. A

B. A: le soir
B: octobre
C: dix
D: un cahier
E: décembre
F: midi
G: jeudi
H: un calendrier
I: vingt-huit
J: un bébé
K: un animal domestique
L: une minute
M: un cartable
N: une professeure
O: un crayon de couleur

C. the librarian: K
brother: L
the month: I
August: J
a week: A
a pen: D
the gym: B
Sunday: H
March: G
a student: C
a daughter: E
the scissors: F

D. 1. A 2. C
3. A 4. A
5. A 6. B
7. A 8. B

9 Les pronoms personnels sujets
Personal Subject Pronouns

B. 1. il
2. il
3. elle
4. il
5. elle
6. il
7. elle
8. il
9. elle
10. elle
11. il
12. il
13. elle
14. il

C. 1. ils
2. ils
3. ils
4. elles
5. elles
6. ils
7. ils
8. ils

D. 1. avons
2. ont
3. ai
4. as

E. (Réponses suggérées)

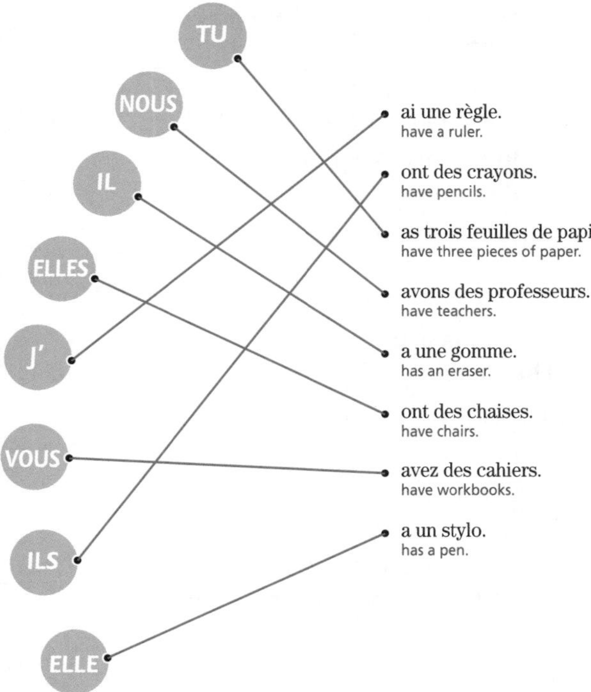
TU
NOUS
IL
ELLES
J'
VOUS
ILS
ELLE
ai une règle.
have a ruler.
ont des crayons.
have pencils.
as trois feuilles de papier.
have three pieces of paper.
avons des professeurs.
have teachers.
a une gomme.
has an eraser.
ont des chaises.
have chairs.
avez des cahiers.
have workbooks.
a un stylo.
has a pen.

F. 1. Ils 2. Il
3. Elles 4. Il
5. Il 6. Ils

10 Chez moi
At My House

B. 1. B, C 2. C, D
3. A, B, D 4. A, B

C. 1. le toit 2. le garage
3. la porte 4. la cheminée
5. la fenêtre

D. 1. suis 2. est
3. êtes 4. sont
5. suis 6. suis

E. 1. Il est dans le salon.
2. Elle est dans la buanderie.
3. Elle est dans la salle de bain.
4. Il est dans la chambre à coucher.
5. Elle est dans la cuisine/la salle à manger/ le salon.

F. A: Où est le réfrigérateur?
B: Où est le canapé?

G. 1. A 2. B
3. B 4. A

11 Les animaux domestiques
Domestic Animals (Pets)

B. 1. un oiseau 2. un lapin
3. un poisson 4. un serpent
5. un chat 6. une grenouille

C. 1. un lapin ; une tortue ; un oiseau
2. un chien ; une grenouille ; un oiseau
3. une grenouille ; un serpent ; un poisson

D. 1. chat 2. chien
3. poisson 4. oiseau
5. hamster 6. lapin
7. tortue 8. cochon d'Inde
9. lézard 10. grenouille ; chienne

E. 1. serpent 2. grenouille
3. poisson 4. lapin
5. tortue 6. lézard
7. chat 8. oiseau
9. chien

F. 1. poisson
2. grenouille
3. chat
4. cochon d'Inde
5. lapin
6. hamster
7. lézard
8. oiseau

		f	a		y	u	j	x	g	s	k	n		u	d	
		o	i	s	e	a	u	à	r	b	j	o	x	m	b	
	h	e	t	y	m	k	p	v	e	t	v	z	c	i	u	
	d	v	F	c	o	c	h	o	n	d'	I	n	d	e	r	
o	w	à	e	p	o	i	s	s	o	n	a	e	k	j	g	l
z	g	c	l	q	n	o	y	é	u	b	o	r	d	c	é	w
t	j	h	a	c	s	e	î	o	i	w	x	û	e	k	a	h
b	l	a	p	i	n	i	j	b	l	t	z	è	o	p	l	m
	r	t	r	w	t	é	y	n	l	é	z	a	r	d	u	
		j	k	h	a	m	s	t	e	r	b	z	y	i		
			c	u	k	r	g	i	ô	u	è	u	s			

G. 1. est le lapin
2. est la tortue
3. est l'oiseau

H. (Réponse individuelle)

12 Les couleurs
Colours

B. 1. le gris 2. le rose
3. l'orange 4. le bleu pâle
5. le vert foncé

C.

D.

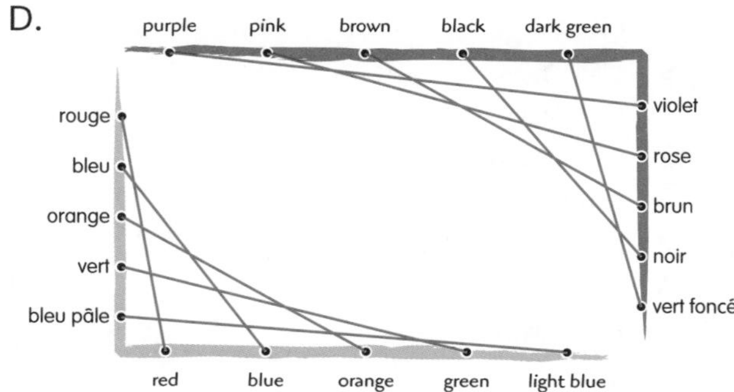

E. 1. le vert ; le rouge
2. le gris ; le jaune
3. le blanc ; le bleu
4. le blanc ; le noir
5. A: le violet
B: l'orange
C: le rose
D: le bleu marine
E: le bleu pâle
F: le vert

F. 1. as une gomme blanche
2. a des règles bleues
3. a un sac à dos rouge
4. ont un marqueur vert
5. ai des cartables orange

G. 1. J'aime le rouge.
Je n'aime pas le rouge.
2. J'aime le vert.
Je n'aime pas le vert.
3. J'aime l'orange.
Je n'aime pas l'orange.
4. J'aime le violet.
Je n'aime pas le violet.

13 Les saisons
The Seasons

B. (Réponses individuelles)

C. 1. l'été
2. C'est l'hiver.
3. C'est l'automne.
4. C'est le printemps.

D. 1. Le bonhomme de neige est blanc.
l'hiver
2. Le soleil est jaune.
l'été
3. La feuille est orange.
l'automne
4. La pluie est bleue.
le printemps
5. La citrouille est orange.
l'automne

E. l'hiver ; le printemps
l'automne ; l'été

F. 1. la neige ; le bonhomme de neige

2. la fleur

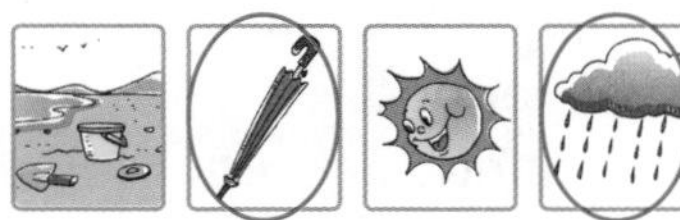

3. la plage ; le soleil

4. la feuille ; la citrouille

G. 1. en automne
2. en hiver
3. au printemps
4. en été

14 Le temps
The Weather

B. (Réponses individuelles)

C. 1. orage 2. beau
3. neige 4. tonnerre
5. glace 6. vent
7. soleil 8. éclair
9. frais
10. brouillard
11. pluie
12. nuages

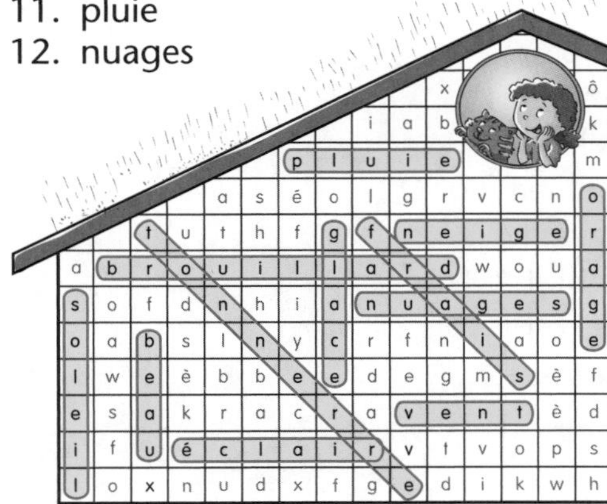

D. 1. Il y a des nuages.
2. Il y a du soleil.
3. Il pleut.
4. Il y a du vent.
5. Il y a des éclairs.

E. 1. du soleil 2. il y a du vent
3. des nuages 4. neige
5. pleut

F. 1. Quel temps fait-il?
What's the weather like?
2. Il fait chaud.
It's hot.
3. Il y a des nuages.
It's cloudy.
4. Il fait frais.
It's cool.

G. A: Il y a de l'orage./Il fait mauvais.
B: Il y a du vent./Il fait beau.
C: Il fait beau./Il y a du soleil.
D: Il neige./Il y a du vent./Il fait froid.
E: Il fait chaud./Il y a du soleil.
F: Il pleut.

15 Les vêtements
Clothing

B. A: la jupe
B: le short
C: les sous-vêtements
D: les chaussures/les bottes
E: le tee-shirt
F: la chemise
G: les sandales
H: le manteau
I: le pantalon
J: les mitaines
K: la robe
L: les chaussettes

C. (Réponses suggérées)
1. un chandail ; un pantalon ; des chaussures
2. une blouse ; une jupe ; des sandales
3. un manteau ; des gants ; une tuque
4. un maillot de bain ; des sandales ; un chapeau

D. (Réponses individuelles)

E.

Vertical	Horizontal
A: gants	1: jean
B: blouse	2: bottes
C: tuque	3: chapeau
D: jupe	4: sandales
E: robe	
F: short	

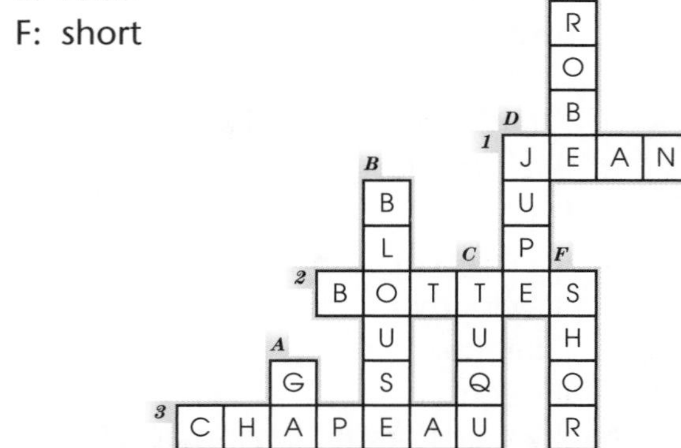

F. 1. un chapeau
I am wearing a hat.
2. portes des mitaines
You are wearing mittens.
3. porte une jupe
She is wearing a skirt.
4. porte un sous-vêtement
Marcel is wearing underwear.
5. porte une robe
I am wearing a dress.

16 La nourriture et les repas

Food and Meals

B. 1. les fruits
2. les légumes
3. la viande
4. les produits laitiers
5. les repas
6. les céréales

C. (Réponses individuelles)

D. 1. Le dîner est le repas de midi.
2. Le souper est le repas du soir.
3. La pomme est un fruit.
4. Le poisson est une viande.
5. Le gâteau est un dessert.
6. Le céleri est un légume.
7. La banane est un fruit.
8. Le lait est un produit laitier.

E. 1. du poisson
He is eating fish.
2. manges de la crème glacée
You are eating ice cream.
3. mange une banane
She is eating a banana.
4. mange du yogourt
Marcel is eating yogourt.
5. mange un gâteau
I'm eating a cake.

F. (Réponses individuelles)

La révision 2

Revision 2

A. 1. A 2. C 3. A
4. C 5. B 6. C
7. D 8. B 9. A
10. B 11. A 12. C
13. B 14. A 15. C

B. A: la neige
B: le bonhomme de neige
C: l'éclair D: le tonnerre
E: un chat F: une baignoire
G: une lampe H: un chien
I: un poisson J: un râteau
K: des feuilles L: un oiseau
M: le déjeuner N: un biscuit
O: le lait

C. you (sg.) are: E
the living room: K
a shower: D
she is: H
ice: B
summer: I
beef: A
a guinea pig: C
I have: M
a rabbit: G
chicken: J
a dress: F
a snake: L

D. 1. A 2. C
3. C 4. A
5. C 6. A
7. A 8. B

Histoire 1
Kinta le bébé kangourou

p. 128 Est-ce que tu te rappelles?

1. poche ventrale
2. nager
3. l'herbe ; feuilles
4. mignon
5. dehors

p. 129 Conjuguons ensemble

mange ; manges ; mange ; mange ; mangeons ; mangez ; mangent ; mangent

1. mangeons
2. habitent
3. mangent
4. habite

p. 130 À l'écrit

mange ; L'herbe ; des feuilles ; la nuit

p. 131 Corrige les erreurs

habite
1. Kinta habiter avec sa mère.

les pattes arrière
2. Les kangourous utilisent la tête pour sauter.

de l'herbe et des feuilles
3. Les kangourous mangent des animaux.

danseurs
4. Les kangourous vont être les meilleurs danseur.

frère
5. Kinta enseigne à son père comment danser.

p. 132 Résumé de l'histoire

1. Kinta habite avec sa mère et son frère.
2. Kinta peut sauter haut et vite.
3. Les kangourous ont une queue puissante.
4. Les kangourous aiment nager dans l'eau.

Histoire 2
Doudou le bébé dauphin

p. 146 Est-ce que tu te rappelles?

1. habite
2. respire
3. tête
4. attraper
5. enseigne
6. siffler

p. 147 Mots cachés

w	m	u	l	d	e	f	j	l	s	d	m	k	o
c	b	t	r	o	u	t	m	b	e	m	o	e	j
h	r	i	d	h	t	w	f	i	c	a	n	v	r
a	l	d	a	u	p	h	i	n	l	t	e	n	d
s	e	e	t	v	o	d	x	q	s	t	o	t	s
s	i	c	m	b	i	h	k	e	e	r	s	h	i
e	t	g	w	a	s	e	t	g	y	a	m	r	f
r	q	k	d	t	s	f	e	s	m	p	u	w	f
b	w	z	r	q	o	u	o	l	n	e	g	o	l
a	p	p	r	e	n	d	r	e	d	r	q	a	e
a	x	i	o	y	k	n	b	b	u	c	c	m	r

p. 148 Conjuguons ensemble

parle ; parles ; parle ; parle

devons ; devez ; doivent ; doivent

1. il doit
2. ils parlent
3. elle parle
4. je dois
5. tu parles
6. nous devons
7. elles doivent
8. ils parlent

p. 149 Conjuguons ensemble

1. parle
2. parlent
3. doit
4. devons
5. parlons
6. dois
7. parle

p. 150 Résumé de l'histoire

1. J'habite dans la mer avec ma famille.
2. Je respire par le trou sur ma tête.
3. Je peux sauter en l'air très haut.
4. Ton père t'enseigne comment parler.

Histoire 3
Tembo le bébé éléphant

p. 164 Est-ce que tu te rappelles?

1. aime
2. marchons
3. trompe
4. allons
5. chercher

p. 165 Rimons ensemble

éléphant ; intelligent ; Rouler ; nager ; amusant

p. 166 Conjuguons ensemble

aime ; aimes ; aimons ; aimez
marche ; marche ; marchons ; marchez ; marchent ; marchent

1. elles marchent
2. nous aimons
3. il marche
4. je marche
5. ils aiment
6. elle aime
7. vous marchez
8. tu aimes

p. 167 Conjuguons ensemble

1. aime
2. marche
3. aime
4. marchent
5. marchons
6. aiment
7. aiment

p. 168 Résumé de l'histoire

1. Tembo habite en Afrique avec sa famille.
2. Ollie est le meilleur ami de Tembo.
3. Je me sens en sécurité avec Ollie et ma mère.
4. J'utilise ma trompe pour nettoyer Ollie.

Histoire 4
Khloé le bébé koala

p. 182 Est-ce que tu te rappelles?

habiter ; manger ; dormir ; monter ; tomber

1. habitent
2. mangent
3. dormir
4. monter
5. tomber

p. 183 À l'écrit

monter ; courir ; manger ; dormir ; accrocher

1. courir
2. accrocher
3. dormir
4. manger
5. monter

p. 184 Conjuguons ensemble

suis ; es ; sommes
ai ; avons ; ont ; ont

1. il a
2. elles sont
3. j'ai
4. nous avons
5. vous êtes
6. ils ont
7. il est

p. 185 Conjuguons ensemble

1. ont
2. sont
3. a
4. es
5. sont
6. est
7. sommes

p. 186 Résumé de l'histoire

A: chiens
B: contentes
C: arbre
D: descendent
C ; D ; A ; B

Histoire 5
Gisèle le bébé girafe

p. 200 Est-ce que tu te rappelles?

1. lait
2. troupeau
3. passe ; nourriture
4. faire attention
5. temps

p. 201 Lettres brouillées

grande ; nourriture ; hyènes ; atteindre ; animaux

1. grande
2. hyènes
3. nourriture
4. atteindre
5. animaux

p. 202 Conjuguons ensemble

fais ; fais ; fait ; fait ; faisons ; font ; font

m'appelle ; t'appelles ; s'appelle ; s'appelle ; appelons ; appelez ; s'appellent ; s'appellent

1. elle fait
2. ils s'appellent
3. tu t'appelles
4. vous faites
5. nous nous appelons
6. ils font

p. 203 Conjuguons ensemble

1. appelle
2. Fais
3. font
4. faisons
5. fait
6. font

p. 204 Résumé de l'histoire

A: troupeau
B: avoir
C: bébé
D: plupart

C ; A ; D ; B

Amusez-vous avec les dialogues

Have Fun with Dialogues

Go Interactive

Our ever-popular

has gone digital!

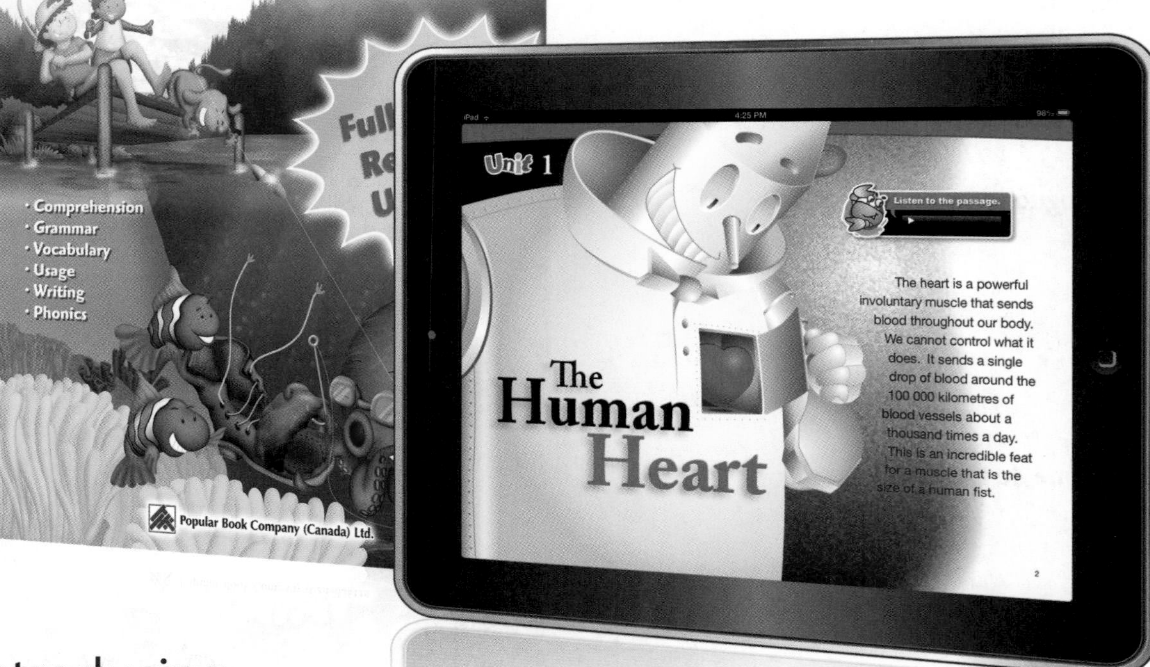

Introducing

Interactive EnglishSmart **on iPad, featuring:**

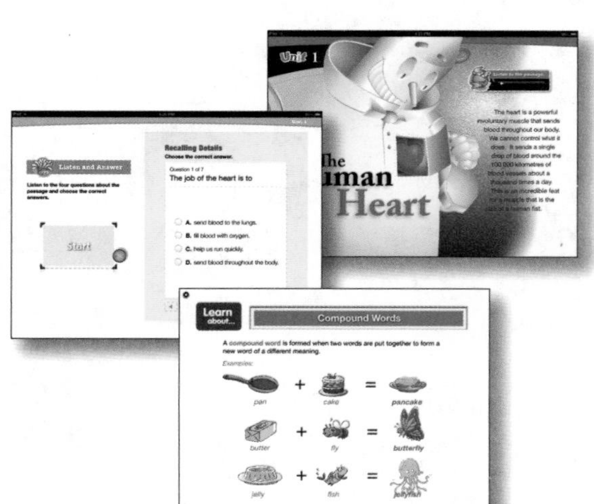

- audio reading
- listening comprehension
- animated explanations and guidance
- reviews, exercises, and activities with instantaneous feedback

Scan this code with your smart phone or go to our Website www.popularbook.ca to learn more details.